Pilar Alonso y

VISITA

POUSADAS
DE PORTUGAL
Más de 100 rutas detalladas

EDITORIAL EVEREST, S. A.

Madrid • León • Barcelona • Sevilla • Granada • Valencia
Zaragoza • Las Palmas de Gran Canaria • La Coruña
Palma de Mallorca • Alicante • México • Lisboa

Texto: Pilar Alonso y Alberto Gil

Fotografías: Pilar Alonso y Alberto Gil

Diagramación: Francisco Bargiela

Diseño de cubierta: Alfredo Anievas

Planos de situación: Francisco A. Morais

No está permitida la reproducción total o parcial de este libro, ni su tratamiento informático, ni la transmisión de ninguna forma o por cualquier medio, ya sea electrónico, mecánico, por fotocopia, por registro u otros métodos, sin el permiso previo y por escrito de los titulares del Copyright. Reservados todos los derechos, incluido el derecho de venta, alquiler, préstamo o cualquier otra forma de cesión del uso del ejemplar.

© Alberto Gil y Pilar Alonso
EDITORIAL EVEREST, S. A.
Carretera León-La Coruña, km 5 - LEÓN
ISBN: 84-241-3779-5
Depósito legal: LE. 136-1996
Printed in Spain - Impreso en España

EDITORIAL EVERGRÁFICAS, S. L.
Carretera León-La Coruña, km 5
LEÓN (España)

PRESENTACIÓN

La creación de las Pousadas de Portugal, durante los años cuarenta, tiene su origen en la tradición medieval de los pequeños establecimientos destinados a proporcionar cama y comida a quienes tenían que desplazarse por el país. Aquellas posadas, generalmente situadas en los cruces de los caminos, eran un verdadero alivio para el viajero y le permitían disfrutar de un merecido descanso en una época en la que los trayectos eran especialmente largos y costosos.

Con el paso de los siglos, los viajes se han convertido en un hecho cotidiano, los medios de transporte han acortado distancias y han desaparecido buena parte de los peligros que acechaban al borde del camino. Pero la necesidad de buscar cobijo y sentarse en una mesa ante un buen plato caliente sigue emparentando al viajero de hoy con el de cualquier época.

Desde que en abril de 1942 se inauguró la primera Pousada, en Elvas, hasta la más reciente, abierta en Flor da Rosa a mediados del 95, esta red de alojamientos -39 en total, repartidos por todo el país- ha cumplido con aquella vieja necesidad, ofreciendo al mismo tiempo el resguardo de un ambiente acogedor y una cocina que mantiene las tradiciones locales de cada zona.

A grandes rasgos, hay dos modalidades de Pousadas: las regionales, de nueva planta, que siguen las pautas arquitectónicas y decorativas de su comarca y las llamadas históricas, habilitadas en edificios de gran valor monumental. Las primeras son más numerosas y suelen ser construcciones sencillas, emplazadas en recintos históricos, en pequeñas localidades o en la proximidad de espacios protegidos. Las Pousadas históricas ocupan a menudo monumentos nacionales: conventos, monasterios, castillos,..., y han permitido la recuperación de un patrimonio arquitectónico abandonado o degradado por el paso del tiempo.

Pero por encima de las evidentes diferencias hay una característica común a todas ellas, su emplazamiento, verdaderamente privilegiado, que las convierte en un punto de partida idóneo para conocer el país.

La guía Pousadas de Portugal ofrece una información práctica sobre las características de los establecimientos: servicios, número de habitaciones, especialidades gastronómicas, etcétera, pero hace especial hincapié en los lugares en los que se encuentran, empezando por su entorno inmediato -la ciudad y el paisaje más cercano- y continuando por las excursiones que se pueden hacer por los alrededores. Para ello se ha seguido el criterio de definir, desde cada Pousada, dos rutas de distinta naturaleza, intentando abarcar los aspectos más atractivos: recorridos por pequeños pueblos, trayectos por monumentos megalíticos, excursiones por espacios naturales de interés,.... Junto a estas dos posibles escapadas, se ha añadido un apéndice de *Otras excursiones de interés*, con el fin de mencionar destinos alternativos para aquellos que disponen de tiempo y de la posibilidad de estancias prolongadas.

Con estos contenidos se pretenden cubrir dos grandes metas. La primera, dar a conocer una red de alojamientos que ofrecen una calidad indudable. La segunda, dar una visión -a menudo inédita- de un país en el que las Pousadas constituyen un inmejorable *balcón*.

Los lectores y los viajeros, destinatarios de esta guía, serán quienes decidan, en última instancia, si hemos sabido cumplir con dichos objetivos.

Los autores

NOTAS

Esta guía pretende ser una ayuda para el viajero que se acerque a Portugal y decida alojarse en cualquiera de sus bellas posadas.

Las *Pousadas* siguen un orden alfabético dentro de cada una de las divisiones regionales establecidas en el libro. Al comienzo de estas divisiones hay una pequeña introducción señalando las principales características de la región, así como un mapa de la misma con la situación exacta de las *Pousadas*.

Los signos utilizados en el libro son los mismos empleados por la empresa operadora ENATUR:

	Pousada en Monumento Nacional		Aire Acondicionado
	Pousada en Zona Histórica		Cambio de divisas
	Pousada Regional		Piscina
	Pousada en Zona Verde		Tenis
C	Categoría		Pesca
TV	Televisión en las habitaciones		Deportes Náuticos
	Bar		Golf
	TV vía satélite		Caza

Precios de las habitaciones según categoría y temporada (en escudos):

TEMPORADA BAJA (Del 01/11 al 31/03)

CATEGORÍA	B	C	C*	CH
DOBLE	8.800	10.800	13.900	16.900
INDIVIDUAL	7.300	9.000	12.100	14.400
SUITE	11.400	14.800	17.800	20.700
CAMA EXTRA	2.700	3.300	4.300	5.200

TEMPORADA MEDIA (Del 01/04 al 01/10)

CATEGORÍA	B	C	C*	CH
DOBLE	12.000	16.000	17.500	22.000
INDIVIDUAL	10.000	14.000	15.500	19.000
SUITE	16.500	21.000	23.500	29.000
CAMA EXTRA	3.500	5.000	5.500	7.000

TEMPORADA ALTA (Del 01/07 al 30/09)

CATEGORÍA	B	C	C*	CH
DOBLE	13.500	19.000	21.500	27.000
INDIVIDUAL	11.500	17.000	18.500	24.000
SUITE	19.500	25.000	28.000	35.500
CAMA EXTRA	4.000	6.000	6.500	8.000

En el precio de las habitaciones está incluido el desayuno. Las Pousadas admiten las principales tarjetas de crédito.

Para pedir información o hacer reservas debemos dirigirnos a:

ENATUR
Avda. Santa Joana Princesa, 10.- 1749 Lisboa
Tel. (01) 848 12 21 / 848 46 02 / 848 90 78

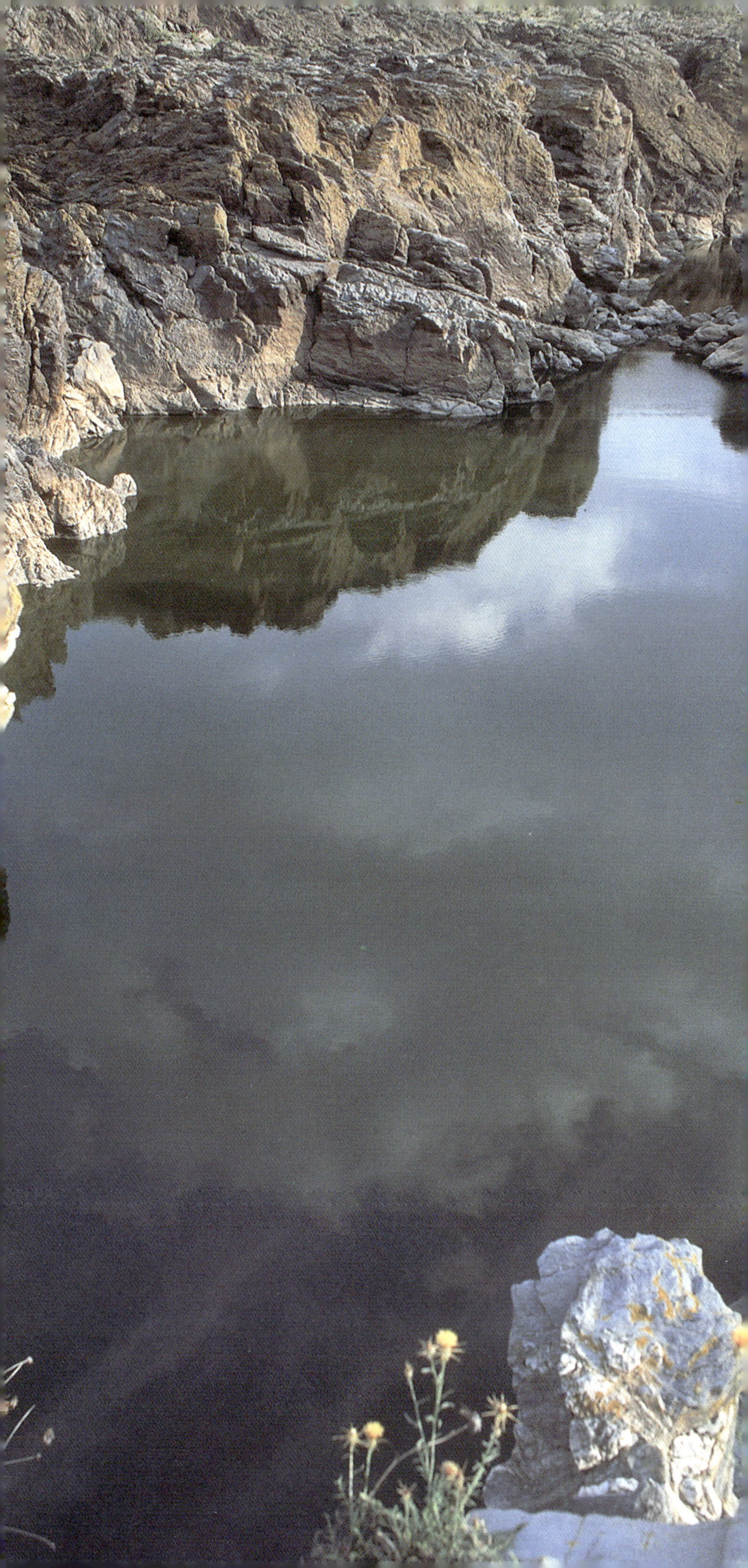

MINHO E DOURO

MINHO E DOURO
1. Amarante — São Gonçalo
2. Caniçada — São Bento
3. Guimarães — Nossa. Sra. de Oliveira
4. Guimarães — Santa Marinha
5. Valença do Minho — São Teotónio
6. Viana do Castelo — Monte de Sta. Luzia
7. Vila Nova de Cerveira — Dom Dinis

- Valença do Minho
- Vila Nova da Cerveira
- VIANA DO CASTELO
- Caniçada
- Vieira do Minho
- Vidago
- BRAGA
- Guimarães
- Póvoa de Varzim
- Amarante
- VILA REAL
- Alijó
- PORTO
- Lamego
- Murtosa
- Albergaria-a-Velha
- AVEIRO
- Carámulo
- VISEU
- Águeda
- Mangualde
- GUARDA
- Póvoa das Quartas
- Manteigas
- Figueira da Foz
- COIMBRA
- Oliveira do Hospital
- Condeixa
- LEIRIA
- Monsanto
- Nazaré
- Batalha
- Fátima
- CASTELO BRANCO
- Caldas da Rainha
- Tomar
- Castelo de Bode
- Abrantes
- Óbidos
- SANTARÉM
- Flor da Rosa
- Marvão
- PORTALEGRE
- Sousel
- Estremoz
- Elvas

MIÑO Y DUERO

Las provincias que ocupan la franja litoral entre el Miño y el Duero, en el extremo norte del país, se caracterizan por su relieve accidentado en el que abundan las serranías: Gerês, Soajo, Peneda,..., formadas en su mayor parte por roca granítica y cubiertas de abundante vegetación gracias a un clima húmedo con abundantes lluvias. En las zonas más bajas, regadas por ríos cortos y caudalosos que se remansan en los embalses de Caniçada, Salamonde y Vilarinho das Furnas, se han ido implantando las áreas de cultivo, repartidas entre huertos y sembrados, en las que a menudo destacan los viñedos, destinados a las producción de Alvarinho y *vinho verde*. El monocultivo de la viña es el protagonista absoluto de la zona atravesada por el Duero, que también riega las provincias de Beira Alta, Beira Litoral y Trás-os-Montes, y en cuyas márgenes se producen los famosos caldos de Oporto.

La fertilidad de estas tierras originó desde la antigüedad asentamientos de población, que han dejado restos de diversos castros y de las vías que atravesaban la región durante la ocupación romana. Todavía hoy se puede considerar como una de las zonas más habitadas del país, con numerosos pueblos, en general pequeños, en los que se conserva una arquitectura tradicional de granito, de aspecto muy macizo.

La vivienda rural, cuya planta baja suele estar reservada a las herramientas y aperos del campo, tiene su complemento en los *espigueiros*, pequeños graneros de piedra levantados sobre columnas, emparentados con los hórreos gallegos y que suelen formar parte inseparable de los núcleos agrícolas.

Al margen de esta población que sigue muy unida a la explotación de la tierra, las provincias del Miño y el Duero atesoran algunas de las ciudades más representativas de Portugal, desde la comercial y vitalista Oporto, hasta la conservadora Braga, pasando por los burgos históricos de Guimarães, Viana do Castelo o Valença do Minho.

Gastronomía: La cocina de la región es una sabia mezcla de los productos del mar y de tierra adentro. Los primeros - mariscos y pescados blancos- se suelen guisar con verduras o como ingredientes de los platos de arroz. La cocina del interior, que incluye también pescados de río, como la tradicional lamprea del Miño, es mucho más contundente y abarca desde los habituales "caldos verdes" hasta las carnes de cerdo o cabrito. La repostería, que recuerda los dulces conventuales a base de harina, huevo y leche, incluye gran variedad de bollos, así como mazapanes y arroz dulce.

Artesanía: En el concejo de Viana do Castelo abundan las labores sobre tela, los bordados y la talla de madera. Es particularmente curiosa la exhibición de trajes que tiene lugar en la romería de Nossa Sra. de Agonia, entre los días 19 y 21 de agosto. Barcelos es uno de los grandes centros artesanales del país, con sus famosas figuras policromadas y una variada producción de artículos de lino, cestería, bordados, sombreros de paja,.... En Cabeceiras de Basto predominan los trabajos relacionados con la lana y en Espinho, los yugos de los bueyes, adornados con tallas de flores y otros dibujos, han pasado a ser una valiosa pieza de artesanía.

Fiestas: La celebración del Corpus en Monção incluye un singular combate entre S. Jorge y la *coca*, una especie de dragón que se mueve pesadamente. Durante las mismas fiestas, en Ponte de Lima se mantiene la tradición milenaria de soltar por las calles "la vaca das cordas". En Ponte da Barca, además de un mercado quincenal muy popular se celebra la feria de la Miel el 22 de diciembre y la del Lino y el Corcho el 23 de agosto.

POUSADA DE AMARANTE «SÃO GONÇALO»

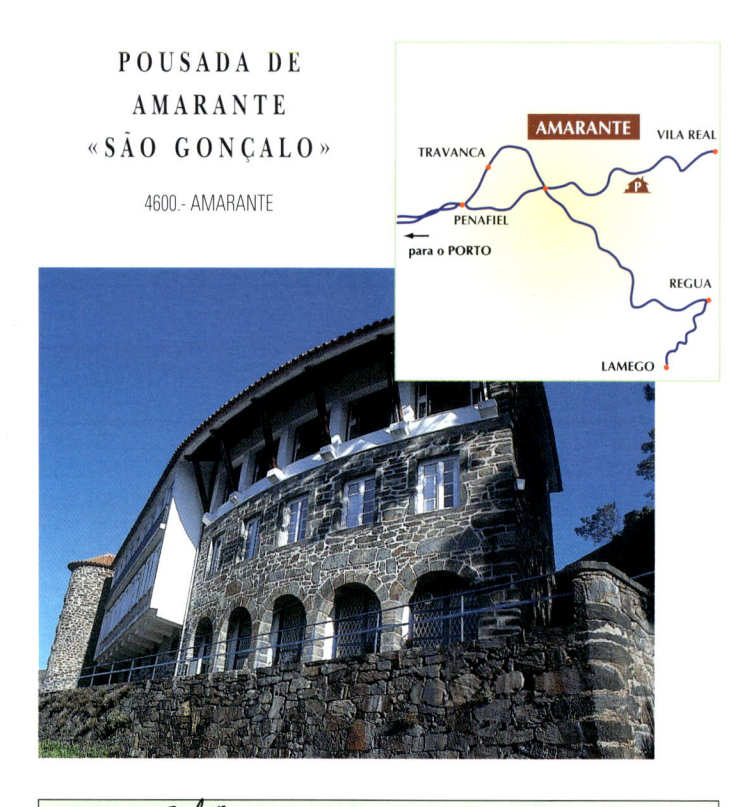

4600.- AMARANTE

Conviene Saber

☎ (055) 46 11 13/23
Fax: (055) 46 13 53
Localización: A medio camino entre Amarante (24 kms) y Vila Real (20 kms) por la autovía IP4

Precio: Habitación 8.200-11.890 Pta
Cocina: caldo verde, truchas rellenas de jamón y caldeirada de cabrito.
Postres: dulces regionales de Amarante
Habitaciones: 15 dobles.

Categoría B

Instalaciones

La Pousada de São Gonçalo

En el corazón de la sierra de Marão y a pocos kilómetros de la villa de Amarante, la pousada de S. Gonçalo ocupa un edificio de los años 40, desde el que se contempla el paisaje de cumbres peladas y barrancos cubiertos de vegetación que bajan hacia el río Tâmega. El edificio, que recibe al viajero en un patio empedrado, es una construcción baja con cubierta de teja y fachada adornada con celosías. En su interior, decorado con motivos regionales, destaca especialmente el comedor, muy hogareño, en el que se puede degustar una cuidada cocina. La situación del establecimiento, a escasa distancia de la autovía IP-4 que comunica Vila Real y Amarante, permite hacer recorridos muy gratos por esta región fronteriza con el Duero.

De Amarante a Penafiel

A partir de la pousada, uno de los destinos más atractivos es la villa de Amarante, atravesada por el Tâmega, que divide en dos el casco urbano. La zona monumental se concentra en una de las márgenes, presidida por el monasterio de S. Gonçalo, del siglo XVI, con una portada lateral renacentista en la que se puede ver la estatua del santo. El edificio está coronado por una galería de estatuas y una cúpula con cubierta de azulejos, que dan al conjunto un perfil muy característico.

En el interior, decorado durante el siglo XVIII, llama la atención el mobiliario barroco de madera dorada, los púlpitos y el órgano, de comienzos del siglo XVII, sostenido por tres tritones. El sobrio claustro renacentista y algunas capillas, como la destinada a la tumba de S. Gonçalo o la que reúne una curiosa colección de exvotos, merecen también la atención del visitante. Junto a la iglesia se alza el convento, ocupado por las dependencias del Ayuntamiento y por un pequeño museo con piezas de arqueología, esculturas y pinturas modernas.

Otro de los edificios que forman parte del núcleo histórico es la iglesia barroca de S. Pedro, del siglo XVIII, con un interior decorado con azulejos y un bello artesonado de madera de castaño en la sacristía.

A partir de la zona monumental, que rodea una bulliciosa plaza, el puente de S. Gonçalo comunica con la parte moderna de la ciudad pasando sobre el Tâmega, que fluye encañonado entre las riberas cubiertas de vegetación. El puente, construido en granito a finales del siglo XVIII, está flanqueado por obeliscos y cuenta con algunos bancos de piedra, muy apropiados para concederse un rato de descanso y observar a la gente que pasa.

El carácter animado de la ciudad se desborda durante las fiestas de São Gonçalo, que tienen lugar el primer sábado de junio. Si el visitante tiene la fortuna de coincidir con estas fiestas, nunca olvidará la frenética exhibición de tambores que realizan numerosos grupos a lo largo de la noche y que llenan de estruendo las calles de la villa.

Amarante.

Desde Amarante, en dirección a Penafiel, habrá que detenerse en Travanca, población en cuyo entorno se puede ver un antiguo monasterio benedictino del siglo XII emplazado en la umbría de un soto. El edificio, de piedra, cuenta con una colección de capiteles que recogen figuras de dragones, serpientes, sirenas y pájaros con el cuello entrelazado.

Cerca, Penafiel conserva el encanto de algunas construcciones de granito, rematadas con gárgolas y con robustas rejerías en las ventanas. Entre su patrimonio monumental destaca el ayuntamiento, que ocupa un palacio del siglo XVIII, así como la iglesia de la Misericórdia, adornada por un cimborrio con azulejos.

Al sur del Duero

Otra ruta de interés desde la pousada es la que bordea la ribera sur del Duero, una hermosa zona cubierta de viñedos dedicados tradicionalmente a la producción de Oporto. Antes de cruzar el río, pasaremos por uno de los puntos más ligados históricamente a estos caldos, Peso da Régua, villa comercial que muestra algunas grandes barcazas amarradas, débil recuerdo de las épocas en las que los barriles eran transportados por vía fluvial. La importancia que alcanzó posteriormente el ferrocarril es visible en la estación, adornada con bonitos azulejos. Edificios con solera, como los almacenes de la Casa do Douro, acreditan también la actividad de esta villa vinícola.

Siguiendo camino, el viajero llega a Lamego, una de las ciuades más hermosas y cuidadas de la Beira Alta, cuyos vinos y productos agrícolas ya tenían fama durante la ocupación romana. La villa recibe al viajero con un encantador paseo ajardinado desde el que se llega a las escalinatas del Santuario de Nossa Sra. dos Remédios, que se eleva sobre una colina, dominando el caserío.

El templo, levantado durante el siglo XVIII, ocupa un lugar boscoso de antiquísima devoción y es objeto, a primeros de septiembre, de una de las romerías más famosas de Portugal. El acceso a pie hasta el santuario se realiza a través de los 686 peldaños que conducen hasta su fachada por una escalera adornada con estatuas y pináculos. Frente al santuario, en otro de los cerros que rodean la ciudad, se pueden ver los restos del castillo del siglo XII, del que se conserva un torreón y parte de las murallas. A los pies de la colina se encuentra la zona histórica, presidida por la catedral, iniciada en el siglo XII, muy reformada durante el siglo XVIII y dotada de una robusta torre-fortaleza

Amarante. Peso da Régua.

Amarante. Paisaje del Duero.

Lamego. Palacio.

Caldas de Aregos.

y una fachada gótico flamígera. En su interior, guarda valiosas tallas doradas, azulejos y buenas muestras de rejería.

Muy cerca está el palacio arzobispal, ocupado por el Museo de Lamego, con una excelente colección de orfebrería, muebles, tapices de Bruselas y varias pinturas sobre madera de comienzos del siglo XVI. Otro de los edificios del entorno de la catedral es la Casa dos Mores, buena muestra de las edificaciones palaciegas que abundan en Lamego.

El patrimonio religioso, también notable, incluye, entre otros, la iglesia de Sta. Cruz, del siglo XVI, con sepulcros de estatuas yacentes, el templo de las Chagas, integrado en un convento renacentista y la capilla del Desterro, con una bellísima ornamentación. A 3 kilómetros de Lamego, una estrecha carretera nos acerca a la iglesia de S. Pedro de Balsemão, catalogada como la más antigua de Portugal y como una auténtica joya de la arquitectura visigótica.

A partir de Lamego podemos retornar a las márgenes del Duero, donde se encuentran algunas fundaciones religiosas de interés. En S. Martinho de Mouros se alza un templo románico del siglo XII, con una torre fortaleza, de características muy singulares. Y a pocos kilómetros, la villa de Resende permite acercarse al monasterio de Sta. María de Cárquere, precioso conjunto medieval que incluye una capilla mayor gótica, una torre del siglo XIII y un mirador con espléndidas vistas sobre el entorno.

De nuevo en Resende, la carretera sigue su curso junto al Duero, que forma algunos parajes encantadores en la villa de Caldas de Aregos, decadente estación termal envuelta por un recodo del río. Después de pasar por Cinfães, la ruta finaliza en Castelo de Paiva, en cuyo término el Duero trascurre entre cañones y terrazas cubiertas de viñedos, en un trazado deslumbrante.

Otras excursiones de interés

La cercanía de Vila Real invita a conocer esta elegante población y el pequeño parque natural de Alvão (descritos en el capítulo de Alijó). Muy próxima a la pousada, la capilla de Nossa Sra. da Serra ofrece magníficas panorámicas de la sierra de Marão. Por último, los aficionados a las grandes ciudades tienen una cita inexcusable con la espectacular villa de Porto (ver capítulo de Guimarães).

POUSADA DE CANIÇADA
«SÃO BENTO»

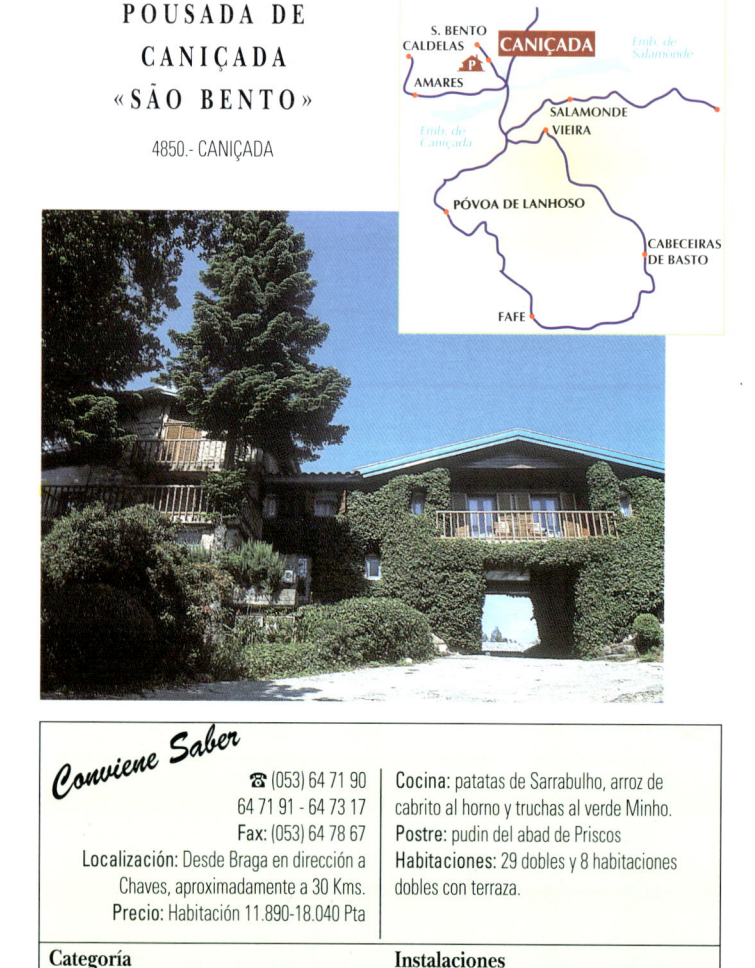

4850.- CANIÇADA

Conviene Saber

☎ (053) 64 71 90
64 71 91 - 64 73 17
Fax: (053) 64 78 67
Localización: Desde Braga en dirección a Chaves, aproximadamente a 30 Kms.
Precio: Habitación 11.890-18.040 Pta

Cocina: patatas de Sarrabulho, arroz de cabrito al horno y truchas al verde Minho.
Postre: pudin del abad de Priscos
Habitaciones: 29 dobles y 8 habitaciones dobles con terraza.

Categoría C*

Instalaciones

La Pousada de São Bento

La pousada de S. Bento, habilitada en un antiguo chalet de cazadores, es un hermoso caserón cubierto de enredaderas situado en el parque nacional de Peneda-Gerês, con una ubicación que ofrece impresionantes panorámicas de este espacio montañoso atravesado por los cursos del Cávado y el Homem. La cálida decoración del interior, el salón presidido por la chimenea de piedra y con altos techos sustentados por vigas de madera, el comedor forrado de tarima y, sobre todo, la terraza, desde la que se observan bellísimas puestas de sol tras la sierra de Gerês, convierten a esta pousada en una de las más acogedoras de la red.

CANIÇADA

Pousada. Terraza sobre el río Cávado.

El parque nacional de Peneda-Gerês

Uno de los principales atractivos que ofrece la pousada es la posibilidad de recorrer el parque nacional, que se extiende al norte y ocupa un amplísimo territorio en forma de herradura al borde de la frontera española. La importancia de este espacio natural, dotado de un clima húmedo, radica en su abundante vegetación, entre la que destaca el raro lirio de Gerês y numerosas especies de árboles: robles, acebos, abedules, madroños,..., así como en su rica fauna, que llegó a incluir osos pardos y lobos, ya desaparecidos, y en la que aún subsisten caballos salvajes, raposas, nutrias, águilas reales y distintas variedades de reptiles.

Más allá de su riqueza natural, protegida en los lugares menos accesibles del parque, éste cuenta con numerosos núcleos de población que atestiguan el viejo aprovechamiento agrícola y ganadero de la región. Aunque todavía es poco conocido, el poblamiento remoto del parque data de la prehistoria, época de la que se han descubierto numerosos dólmenes y cámaras sepulcrales. Más tarde, la presencia romana impuso severos cambios en la sierra, atravesada por la calzada que unía Braga y Astorga, y durante la Edad Media, la Iglesia demostró su interés por esta región apartada, acometiendo la construcción de algunos monasterios.

Parque Nacional Peneda-Gerês.

Caldas de Gerês.

No obstante, a partir del siglo XVII, al iniciar la explotación de las aguas para tratamientos medicinales, es cuando Gerês empieza a cobrar la fama que llevará a la construcción de sus populares balnearios.

El trayecto que lleva desde la pousada hasta la estación termal de Caldas do Gerês, es precisamente uno de los más bonitos que se pueden hacer por el parque. La carretera, que bordea la pequeña población de Caniçada y brinda buenas vistas del embalse del mismo nombre, lleva hasta un puente donde se unen sus aguas con las del embalse de Salamonde, encajonadas entre montes cubiertos de pinar.

A mano derecha, un nuevo puente vuelve a ofrecer soberbias perspectivas de estos dos grandes cauces, cruzados continuamente por embarcaciones de recreo. A partir de aquí, la carretera sigue bordeando las aguas hasta internarse en la parte más angosta de un valle, para llegar a la encantadora localidad de Caldas do Gerês. La estación termal, que conserva varias edificaciones de finales del siglo XIX y comienzos del XX, algunas de ellas abandonadas, sigue recibiendo a numerosos visitantes, atraidos por la calidad de sus aguas ricas en fósforo, muy indicadas para tratamientos del hígado y del aparato digestivo.

Desde Caldas do Gerês, el recorrido se adentra en uno de los tramos más atractivos del parque, llegando hasta las inmediaciones del pantano de Vilarinho das Furnas, en una zona en la que se puede ver restos de la calzada romana.

Otra de las formas de recorrer el parque nacional es tomar la sinuosa pista que bordea el embalse de Salamonde por el norte, llegando hasta la presa de Paradela para concluir en la remota aldea de Tourém, donde se conservan algunas casas de granito, un interesante ejemplar de horno comunitario y las cercanas ruinas del castillo de Piconha, que se alzan sobre un roquedal. En un desvío de la carretera que conduce a Tourém, la aldea ganadera de Pitões das Júnias preserva numerosas muestras de la vida tradicional en la sierra: las contrucciones ligadas al pastoreo, el horno de pan y las características vacas *barrosas*, de piel rojiza. En un pequeño valle próximo a la población se puede ver el monasterio románico de Sta. Maria das Júnias, fundado en el siglo X, con un bonito tímpano decorado en la fachada principal y los restos del primitivo claustro y las dependencias monacales, destruidas por un incendio durante el siglo pasado.

De Póvoa de Lanhoso a Cabeceiras de Basto

A partir de la pousada, una carretera que conduce al oeste nos acerca a la localidad de Póvoa de Lanhoso, donde se alza un castillo que durante la Edad Media sirvió de refugio en las continuas luchas por el poder entre Doña Urraca y Alfonso VII. El carácter legendario de la fortaleza, levantada sobre otra de origen romano, se debe a que uno de sus inquilinos, llamado Rodrigo Gonçalves, descubrió que su mujer le engañaba con un fraile de Bouro en los mismos aposentos del castillo y, ni corto ni perezoso, lo cercó, cerró sus puertas y quemó a todos los que estaban dentro. Además de la edificación defensiva, Póvoa de Lanhoso conserva restos de sus murallas, parte de cuyos sillares fueron utilizados durante el siglo XVII para levantar el santuario de Nossa Sra. do Pilar.

Continuando hacia el sur, la carretera nos lleva a Fafe, ciudad creada durante el siglo XIX que cuenta con algunos edificios interesantes de la época, como las iglesias de Sta. Eulália y S. Romão, el mercado del Peixe y varias casas solariegas.

Desde Fafe, podemos tomar otra carretera que lleva a Cabeceiras de Basto, localidad integrada en la bella cuenca del Tâmega y que debe su nombre a los bástulos, pueblo procedente de Andalucía que se asentó en la zona y convirtió la ciudad en su cabeza de región. La posterior presencia romana debió ser también notable, a juzgar por las ruinas de un monasterio construido sobre un templo de vestales y los abundantes objetos de cerámica y monedas de oro hallados en el término.

Actualmente, Cabeceiras impresiona al viajero por la magnitud de su monumental monasterio de Refojos, creado durante el siglo VII y que alcanzó una gran relevancia cultural tras ser habitado por los benedictinos. En el siglo XVII fue reconstruido y se levantó la iglesia, con su fachada adornada con estatuas y rematada por dos imponentes torres. El interior destaca por la profusión de ornamentos y los órganos barrocos, adornados con insólitas máscaras de gestos desgarrados.

Frente a la fachada del monasterio se extiende una gran plaza que reúne bonitas fachadas de azulejos y en uno de cuyos costados se alza la popular estatua de Basto, única representación conocida de un antiguo guerrero lusitano.

Antes de iniciar el regreso, merece la pena acercarse a Abadim, cerca de Cabeceiras, para conocer un conjunto de molinos levantados en tiempos de

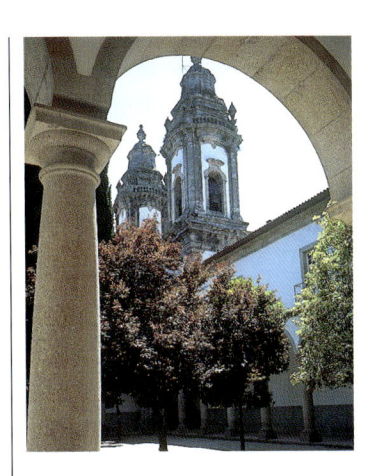

Cabeceiras de Basto. Monasterio.

D. Dinis, cuando se dio un gran impulso a la agricultura de cereal en la comarca.

Siguiendo el trayecto en dirección a Vieira do Minho, se llega a esta localidad que preside un concejo ocupado por la sierra de Cabreira. Este pequeño conjunto montañoso, atravesado por regatos y pequeños ríos, cuenta con algunos parajes atractivos como la pintoresca aldea de Agra o las Marmitas del Gigante, en Ruivães, donde el río Saltadouro forma grandes caídas entre las rocas.

Otras excursiones de interés

También desde la pousada, una pequeña carretera nos acerca a Amares y, más adelante a Caldelas por un bello tramo de campiña que concluye en esta agradable estación termal. A las afueras de Caldelas se puede ver un puente románico y los restos de un molino medieval que, por sus dimensiones, debió tener mucha importancia en la comarca. En dirección opuesta y bastante más alejadas de la pousada las localidades de Boticas y Carvalhelhos nos permiten hacer una breve incursión por la bonita sierra de Alturas, cruzada por los cauces del Tâmega, el Beça y el Terva.

POUSADA DE GUIMARÃES «NOSSA SRA. DE OLIVEIRA»

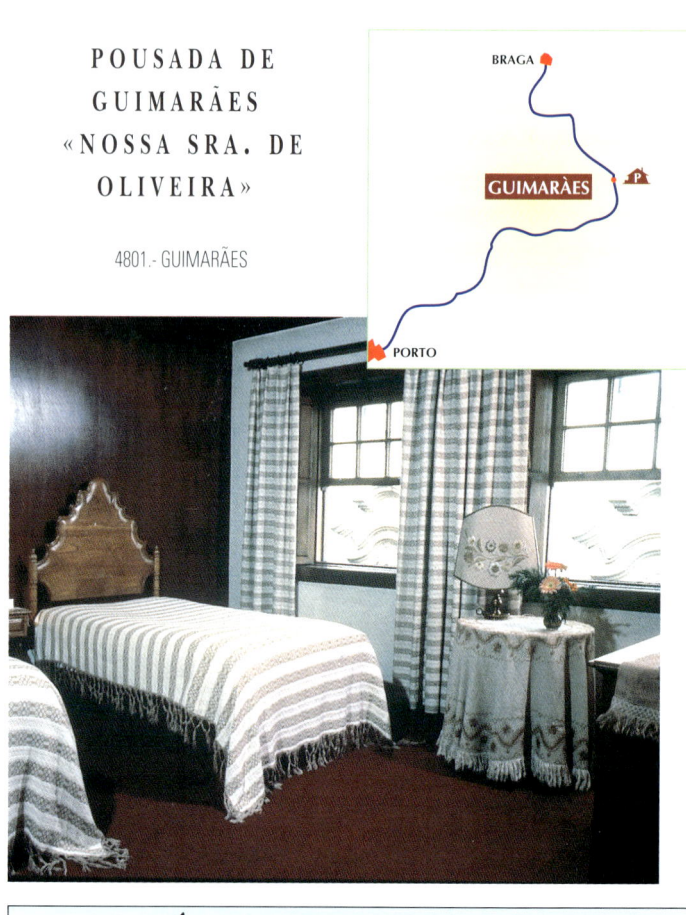

4801.- GUIMARÃES

Conviene Saber

☎ (053) 51 41 57
51 41 58 - 51 41 59
Fax: (053) 51 42 04
Localización: En el centro de la ciudad, en la zona histórica.

Precio: Habitación 11.890-18.040 Pta
Cocina: arroz con pollo Pica no Chão, conejo con vino.
Postres: merengue relleno
Habitaciones: 10 dobles y 6 suites.

Categoría
C*

Instalaciones

La Pousada de Nossa Sra. de Oliveira

La pousada de Nossa Sra. de Oliveira ocupa un viejo caserón señorial, con una bonita fachada que da a una plaza recoleta del casco histórico de Guimarães. El edificio, cuyos soportales albergan el restaurante, guarda una abigarrada colección de antigüedades y objetos rústicos que crean cierta atmósfera medieval, a tono con el ambiente de la ciudad.

POUSADA DE GUIMARÃES
«SANTA MARINHA»

4800.- GUIMARÃES

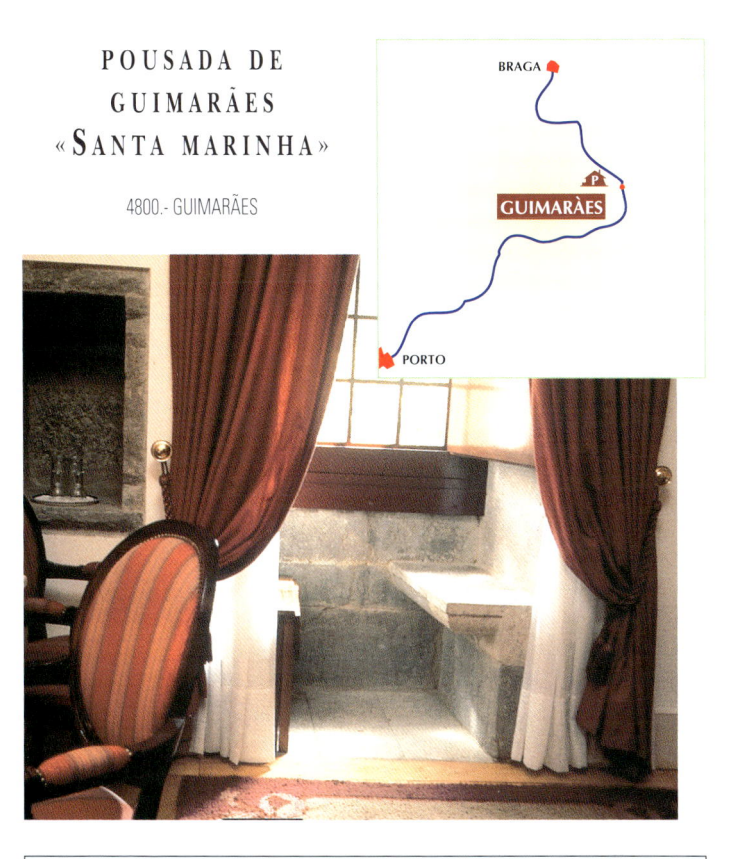

Conviene Saber

☎ (053) 51 44 58
51 44 54, 51 44 55, 51 44 56/57
Fax: (053) 51 44 59
Localización: A dos kms. de Guimarães
Precio: Habitación 14.350-22.960 Pta

Cocina: selección de ahumados, parrillada de pescado y marisco
Postres: crema de leche tostada
Habitaciones: 49 dobles y 2 suites.

Categoría
CH

Instalaciones

La Pousada de Santa. Marinha

A 1 kilómetro de la pousada de Nossa Sra. de Oliveira, en la ladera del monte da Penha, se encuentra la monumental pousada de Sta. Marinha, que toma su nombre del convento de Sta. Marinha da Costa, una fundación del siglo XII, muy modificada posteriormente. El soberbio conjunto incluye la iglesia, unos cuidados jardines y la pousada propiamente dicha, que ocupa las dependencias monacales. El claustro y la escalera de acceso, con sus paredes cubiertas de azulejos, las amplísimas salas y los numerosos rincones: el lavatorio, la sala del Capítulo, etc., que conservan una buena parte de la memoria del edificio, convierten a esta pousada en una de las grandes joyas de la red.

De visita en Guimarães

La importancia histórica de Guimarães, como lugar de nacimiento del primer monarca portugués, Afonso Henriques, es sólo comparable al valor de su denso casco antiguo. El recorrido de éste puede iniciarse en la plaza de Oliveira, donde se alza la pousada y la iglesia del mismo nombre, un templo de portada ojival edificado durante el siglo XIV para celebrar la victoria de Aljubarrota frente a los españoles. En su interior, ocupando el claustro, se encuentra el museo Alberto Sampaio, con una variada colección de joyas, piezas arqueológicas y obras de arte sacro. Junto a la iglesia, un bello templete gótico y un crucero conmemoran la victoria de portugueses y españoles, esta vez unidos, contra las tropas musulmanas durante la batalla del Salado.

Desde aquí, unos graciosos soportales comunican con la inmediata plaza de Santiago, bordeada por fachadas coloristas, llenas de flores. En torno a ella, el entramado de calles y manzanas que configuran el casco viejo ofrece la ocasión para un paseo evocador en el que habrá que detenerse ante las nobles fachadas de la calle Sta. María, el convento de Sta. Clara, del siglo XVI, ocupado por el Ayuntamiento y la iglesia del Carmo, con una buena colección de talla dorada.

Numerosas casas solariegas: Martins Sarmento, Margaride, Carvalhos,..., van apareciendo a nuestro paso en este recorrido que también debe llevarnos al *largo* do Toural y a la alameda, con un amplio frente de fachadas acristaladas. Cerca de esta zona de la ciudad destaca también la iglesia de S. Domingo, del siglo XIV, en cuyas dependencias se encuentra parte del museo Sarmento, con una abundante muestra de la arqueología de la región.

La parte norte de la ciudad, asentada sobre una pequeña colina, está presidida por el castillo, construido durante el siglo X para protegerla de los ataques musulmanes y normandos. Próxima a la fortaleza se encuentra la iglesia románica de S. Miguel, del siglo XII, que conserva numerosas tumbas y la pila en la que recibió el bautismo Afonso Henriques. Algo más abajo, el imponente palacio de los duques de Bragança, de traza normanda, aparece coronado por torres almenadas y atesora una excelente colección de artesonados, tapices, porcelanas y pinturas.

Más allá de su rico patrimonio, Guimarães es una de esas ciudades tocadas por la gracia, en las que el viajero, deambulando entre los muros de piedra, tendrá la ilusión de que el tiempo se ha detenido en algún instante del pasado.

Guimarães. Fachada.

Guimarães. Soportales.

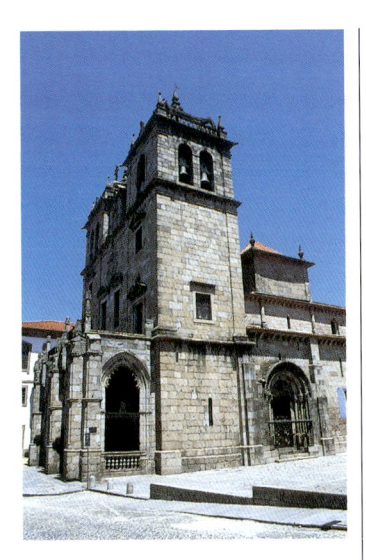

Braga. Catedral.

Braga

A partir de Guimarães, uno de los destinos más atractivos de la región es la ciudad de Braga, capital administrativa en tiempos de los romanos, que la bautizaron con el nombre de Braccara Augusta. Su enorme valor monumental data del siglo XVI, cuando el arzobispo Diego de Sousa se propuso hacer de ella una Roma portuguesa y acometió la construcción de numerosas plazas, fuentes y cerca de 30 iglesias, trasformándola en una de las ciudades más barrocas y conservadoras del país.

Su edificio más emblemático, la catedral, muestra algunos restos de su pasado románico y una portada gótica del siglo XVI. El interior, muy renovado durante el barroco, conserva el bello altar mayor flamígero, la sillería policromada y los impresionantes órganos del siglo XVIII. El claustro reúne varios altares y un sepulcro bizantino y, anejo a él, se pueden ver un notable tesoro y una serie de capillas, entre las que destaca la de Sta. Catarina, con exvotos, y la de los reyes con varias tumbas.

Muy cerca de la catedral está el gran palacio episcopal, que integra varios edificios levantados entre los siglos XIV y XVIII. En su interior alberga una completísima biblioteca con documentos que se remontan al siglo IX y una bonita sala de lectura, con techo de artesonado. Frente al palacio se alza la fuente barroca del pelícano y, muy cerca de este núcleo, merece una visita el museo de los Biscaínhos, habilitado en un caserón del siglo XVII, con colecciones arqueológicas y etnográficas.

Otro conjunto de interés es el que forman la capilla de Nossa Sra. da Conceição y la casa de los Coimbras, con sus emblemáticas ventanas manuelinas. Entre los edificios civiles también hay que destacar la casa de los Crivos, con fachada de celosías, y la casa del Mexicano, del siglo XVIII, con una singular fachada azul. Cerca de Braga, en lo alto de un monte se alza el santuario de Bom Jesus, del siglo XVIII, accesible en un funicular con un curioso sistema hidráulico o a través de unas monumentales escaleras, flanqueadas por capillas con escenas de la Pasión.

Braga. Bom Jesus.

Porto. Barcos sobre el Duero.

Porto

Al igual que Lisboa y otras urbes portuguesas, Porto no puede ser resumida en pocas líneas. No obstante, de forma muy condensada se ofrece un apunte de esta ciudad, una de las más vitales y espléndidas del país.

La fundación de Porto y de la vecina Vila Nova de Gaia, en la ribera opuesta del Duero, data de los romanos, que se asentaron en ambas orillas ante la dificultad de cruzar el río. Durante la ocupación musulmana fue conquistada por Almanzor y en la época de los descubrimientos pasó a jugar un activo papel como astillero y puerto de pesca. La importancia posterior del comercio del vino, que llegaba por el cauce del Duero, dio un enorme empuje económico a la ciudad y llevó a la aparición de las grandes bodegas que inundan la parte baja de Vila Nova de Gaia.

Todavía hoy, la atmósfera de Porto hace honor a su nombre y se vuelve especialmente marinera en los *cais* (muelles) de la Ribeira y de la Estiva, la entrañable zona de casas y plazoletas que bordean el río. A partir de los muelles, la ciudad sube escalonadamente reuniendo algunos de los edificios más interesantes: la iglesia de S. Francisco, gótica y con una explosiva decoración barroca, el decimonónico palacio de la Bolsa, la torre dos Clérigos, que se alza como una atalaya y el impresionante palacio de los Paços do Concelho.

Las plazas de la Liberdade y Almeida Garret son el animado centro de la ciudad, y tienen cerca la estación de S. Bento, con unos bonitos paneles de azulejos. A poca distancia está la catedral, iniciada en el siglo XII y con un hermoso claustro gótico. A sus

Porto. Puente de Eiffel.

GUIMARÃES

pies, un laberinto de callejas baja hacia el río formando otro de sus populares barrios.

Más allá de su incuestionable valor arquitectónico, especialmente barroco, la visita a Porto no sería completa sin cumplir un triple ritual: cruzar el magnífico puente de Luis I, construido por Eiffel, para acercarse al mirador de la iglesia de Santa Clara, desde donde se tienen las mejores vistas de la ciudad; recorrer las pequeñas tiendas de la calle de las Flores, los cafés tradicionales, como La Brasileira y El Majestic, y los interiores de la librería Lello y finalmente sentarse en alguna de las terrazas del *cais* de la Ribeira o de Vila Nova de Gaia, para ver cómo la ciudad se vuelve dorada al atardecer.

Otras excursiones de interés

A muy poca distancia de Guimarães se encuentra la Citânia de Briteiros, un impresionante castro celta que conserva parte de sus tres recintos amurallados, restos de innumerables casas, un sistema de canalización de agua y algunas viviendas reconstruidas por Martins Sarmento, el arqueólogo que trabajó en este poblado pre-romano.

Oporto. Torre de los clérigos.

Citânia de Briteiros.

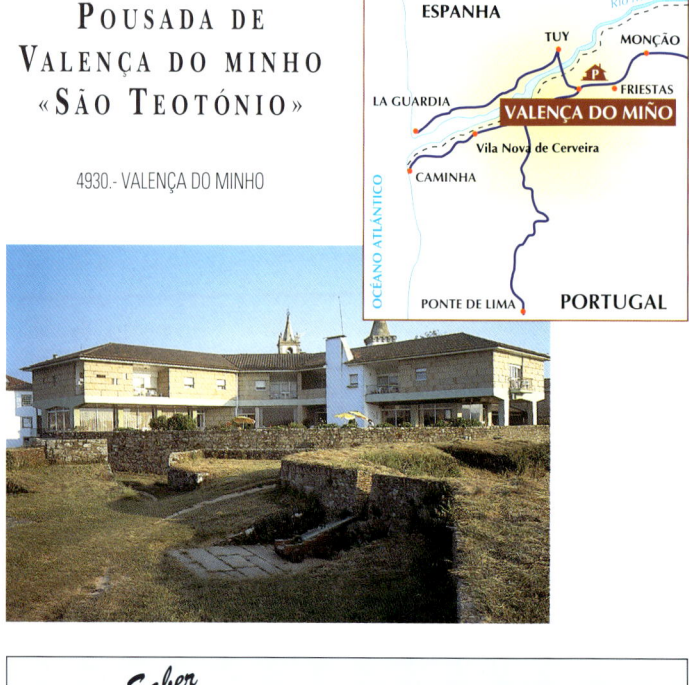

POUSADA DE
VALENÇA DO MINHO
«SÃO TEOTÓNIO»

4930.- VALENÇA DO MINHO

Conviene Saber ☎ (051) 82 42 42 82 40 20-82 42 52 Fax: (051) 82 43 97 Localización: Dentro de la vieja fortaleza Precio: Habitación 11.890-18.040 Pta Postres: crema con leche y caramelo	Cocina: bacalao gratinado con cebollas y mahonesa, parrillada de pescado, jamón ahumado de Monção con fruta de temporada Habitaciones: 16 dobles, algunas con terraza sobre el jardín.
Categoría C*	**Instalaciones**

La Pousada de São Teotónio

La pousada de S. Teotónio, construida en 1962, está integrada en el casco histórico de Valença do Minho, la animada ciudad fronteriza envuelta en una doble muralla de tipo Vauban, levantada durante el siglo XVII.

El edificio, funcional, ocupa un lugar privilegiado junto al llamado baluarte del Socorro, uno de más elevados y muy próximo al curso del Miño. Su interior, en el que predomina la rusticidad de la piedra y la madera, destaca también por el carácter acogedor de algunos rincones, como la chimenea de granito del salón. El comedor y los dormitorios dan al jardín y a una magnífica panorámica que incluye un buen tramo del río, el puente de hierro diseñado por Eiffel y la villa monumental de Tuy que, pese a su cercanía, se vislumbra como un lugar remoto al otro lado de la frontera.

Jardines de la pousada sobre el río Miño. Al fondo la localidad de Tuy.

Valença do Minho

El casco viejo de Valença se reparte en dos barrios, cada uno de ellos rodeado de un recinto defensivo en forma de estrella y separados entre sí por un foso que se salva mediante un puente, con puertas en las que se aprecian los restos de un paso levadizo. El primer barrio ofrece un pequeño recorrido en el que destaca la iglesia del Bom Jesus, que desempeñó el papel de capilla militar y ante cuya fachada se puede ver una recoleta plaza, presidida por la estatua de S. Teotónio, el primer santo portugués, nacido en la cercana aldea de Ganfei.

La calle principal de este primer recinto, flanqueada por comercios de tejidos, toallas y artesanía, anuncia ya el ambiente característico del burgo de Viana, en el que se alterna la cuidada arquitectura de los siglos XVI y XVII, con cierto aire de mercadillo callejero para turistas y vecinos del otro lado del río. Esta atmósfera persiste en el segundo recinto, atravesado por la vieja calle Direita y que tiene su centro en la bulliciosa plaza de la República, donde se alza la Câmara Municipal, una fuente y varias fachadas cubiertas de azulejos. El conjunto más atractivo de este barrio es el entorno de la plaza de Sta. Maria, donde está el hospital de la Misericórdia y la iglesia de Santo

Tienda en Valença do Minho.

Estevão. El templo, fundado en el siglo XIV, tiene una portada renacentista y algunas obras de valor, como la silla episcopal gótico-mudéjar, tallada en el siglo XV.

Monção y Melgaço

Desde Valença do Minho, la ruta que sigue el curso del río aguas arriba, nos acerca a Friestas, desde donde hay un desvío hacia el interior que conduce a Gondomil y más tarde, al monasterio de S. Fins. Una breve pista de tierra lleva hasta el conjunto monacal, erguido como un escenario romántico en lo alto de una colina cubierta de vegetación.

En las ruinas de S. Fins, rodeadas de un recinto amurallado, destaca la iglesia románica, restaurada recientemente, de una sola nave y con una decoración en la que se aprecian influencias de la catedral de Tuy. Junto al templo, los restos del gran monasterio forman un verdadero laberinto invadido por la maleza, donde a duras penas se aprecian los restos del claustro, un acueducto, la cocina y otras dependencias.

Balneario de Melgaço.

Añadiendo una nueva nota de soledad y silencio a este paraje, en una colina cercana se puede ver un cementerio minúsculo, desde el que se tiene una excelente panorámica del monasterio.

De regreso al valle del Miño habrá que detenerse en Monção, localidad ribereña que conserva parte de sus murallas medievales al borde del río y dos puertas, de Salvatierra y del Rosal, pertenecientes a un recinto posterior. El centro de la población, un pequeño entramado de calles empedradas junto a la plaza de la República, rodea el templo parroquial, del siglo XII, que conserva elementos románicos aunque fue muy modificado durante el siglo XVI. En su interior se puede ver la tumba de Deu-La-Deu, heroína local que se puso al frente de los vecinos para defender la ciudad de las tropas castellanas. También destaca la capilla de los Marinhos, manuelina, con una estatua yacente, una delicada custodia del siglo XVI y un cofre árabe.

El recorrido de Monção lleva hasta su estación termal, separada del Miño por una playa de guijarros. El balneario, donde se tratan el reúma y las afecciones de la piel, cuenta con un frondoso parque de árboles centenarios.

De nuevo en ruta llegamos a Melgaço, pasando por otra estación termal, Peso de Melgaço, rodeada también por una zona muy arbolada y llena de parterres, con un riachuelo y un bonito edificio acristalado. La villa de Melgaço, que se eleva sobre una ladera junto al Miño, conserva algunos viejos callejones y los restos de una fortificación del siglo XII, con murallas y torre del homenaje, que recuerda los tiempos en los que la ciudad era un lugar de continuos conflictos bélicos. Como prueba de ello, junto a una puerta de la muralla se alza el monumento dedicado a Inês Negra, protagonista de una vieja leyenda local.

La tradición cuenta que, tras la victoria de Aljubarrota, el rey llegó a Melgaço para echar a los castellanos de la fortaleza. Antes de que se consumara el ataque, una mujer portuguesa que se había unido al enemigo, conocida como Arrenegada, lanzó un desafío al rey: la posesión del castillo sería decidida por una lucha entre ella e Inês Negra, una patriota de hermosos cabellos oscuros. Arrenegada perdió la pelea y aquella misma noche los barcos cruzaron el Miño llevándose a las tropas castellanas. Poco después, al entrar en el castillo, Inês encontró el cuerpo de su contrincante con un puñal clavado en el corazón.

Muy cerca del castillo, el visitante tendrá ocasión de descubrir algunas antiguas casonas, recorrer la agradable alameda que se asoma al río y ver la iglesia parroquial, del siglo XIII o la capilla de Nossa Sra. de Orada, considerada como una joya del románico.

La sierra de Peneda

Más allá de Melgaço, si el viajero dispone de tiempo, puede acercarse a uno de los paisajes más recónditos del país, el de Castro Laboreiro, pueblo perdido en la sierra de Peneda. Antes de llegar, una carretera que bordea el río Trancoso, cuyo cauce hace frontera con España, nos acerca al santuario de Fiães, al que se accede por un camino flanqueado por viejísimos robles. El santuario es una antigua fundación cisterciense de la que sólo se conserva la iglesia, románica, con algunos sepulcros de estatuas yacentes. A la entrada del pueblo y cerca de la iglesia, se observa un curioso monumento al emigrante y, frente a él, una imagen de la Virgen y un precioso crucero.

Continuando hacia el sur, el viajero llega a Castro Laboreiro, localidad que se alza a más de 900 metros de altitud y que -pese a su durísimo clima- estuvo habitada desde la prehistoria, como acreditan los numerosos monumentos megalíticos de su término. Cerca del pueblo, una senda conduce hasta el castillo, del siglo XI, que se eleva sobre una gran montaña de rocas. En el camino al castillo, a la derecha, se puede ver una curiosa piedra con la inconfundible forma de una tortuga.

Dentro de esta extensa zona de sierra integrada en el Parque Nacional de Peneda-Gêres, otra escapada nos lleva hasta el santuario de Nossa Sra. de Peneda, a través de un paisaje de pinos y rocas. El santuario, de antiquísima fundación pero muy reformado, destaca especialmente por la gran escalinata de la fachada principal y por su entorno, formado por altos farallones de piedra.

Otras excursiones de interés

A partir de Valença do Minho, se puede seguir el curso del río hacia el litoral, pasando por Vila Nova de Cerveira y Caminha (ver capítulo de Vila Nova de Cerveira). También es muy aconsejable el recorrido hasta Ponte de Lima (descrita en el mismo capítulo). Muy próximo a Valença se alza el monte Faro, con una capilla y un espléndido mirador sobre el valle del Miño, el mar y la cercana Galicia.

Santuario de Peneda.

POUSADA DE VIANA DO CASTELO «MONTE DE SANTA LUZIA»

4900.- VIANA DO CASTELO

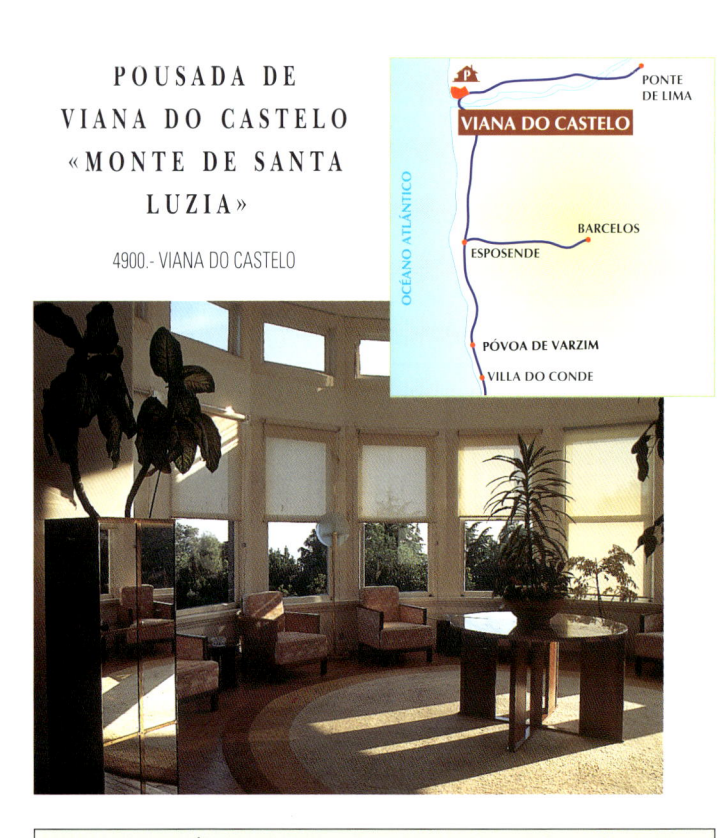

Conviene Saber

☎ (058) 82 88 89
82 88 90-82 88 81
Fax: (058) 82 88 92
Localización: En la ladera de un monte próximo a la ciudad de Viana
Precio: Habitación 9.840-15.580 Pta

Cocina: atún con salsa tártara, bacalao a la Sta. Luzia, hígado de ternera a la portuguesa
Postres: tarta de Viana
Habitaciones: 50 dobles y 3 suites, algunas con terraza.

Categoría	Instalaciones
C	

La Pousada do Monte de Santa Luzia

En la cima de un monte y a poca distancia de Viana do Castelo, se alza la pousada del Monte de Sta. Luzia, un elegante edificio de comienzos de siglo integrado recientemente en la red de pousadas. El interior, de amplios espacios y con una decoración inspirada en los años 30, destaca por las dos agradables salas circulares -una de ellas destinada a restaurante- y por el luminoso salón central, que comunica con la terraza. Desde ésta, al igual que desde los dormitorios, la panorámica es espléndida y abarca el trayecto final del río Lima y en primer plano los cuidados jardines del hotel y el santuario de Sta. Luzia, curiosa basílica neobizantina levantada a lo largo del presente siglo.

VIANA DO CASTELO

Viana y el curso del río Lima

A partir de la pousada, una carretera serpenteante desciende por la ladera del monte hasta Viana do Castelo, cuyo casco viejo, lleno de calles empedradas y edificios nobiliarios, alberga rincones de gran belleza.

La fundación de Viana data del siglo XIII, aunque existen testimonios de poblaciones muy anteriores, entre ellas un castro que se asentaba en el mismo monte Sta. Luzia. La creación del burgo medieval amurallado, estimuló el crecimiento de una población dedicada a la pesca y al comercio marítimo, actividades que llevaron a sus habitantes hasta Brasil y Terranova. Durante mucho tiempo, el puerto de Viana fue uno de los más importantes del reino y uno de los que sufrían con frecuencia los ataques de la piratería, que forzaron a construir el castillo de Santiago da Barra junto a la desembocadura del Lima.

El conjunto monumental de Viana, muy rico, se concentra a poca distancia del puerto, en torno a la plaza de la República, espacio de una belleza sosegada en el que se mezclan la austeridad del granito y la animación de las terrazas. Un costado de la plaza lo ocupa la estilizada fuente, de mediados del siglo XVI, y a su alrededor se alzan los antiguos Paços do Concelho, con una sólida arquería ogival, así como la Casa da Misericórdia, levantada en 1520, con dos galerías apoyadas en atlantes y cariátides. Muy cerca se puede ver la iglesia de la Misericórdia, del siglo XVI, y en la misma plaza la fachada del palacete Sa Sotto Mayor, renacentista.

A partir de la plaza de la República, el callejeo lleva al visitante hasta la cercana iglesia parroquial, cuya portada da a una plazoleta con hermosas casas manuelinas y renacentistas. El templo, construido en el siglo XV y muy modificado, conserva una rica colección de tallas policromadas y numerosas capillas, entre ellas la de los Mareantes, con el exvoto de un galeón en miniatura.

Continuando el paseo, merece la pena detenerse ante los numerosos caserones, principalmente del siglo XVI, que se van sucediendo en el recorrido, sobre todo en las calles S. Pedro, Candido dos Reis y Bandeira. En ésta última, una de las más atractivas, se alza la iglesia del Carmo, armoniosa edificación del siglo XVIII.

Viana do Castelo. Plaza.

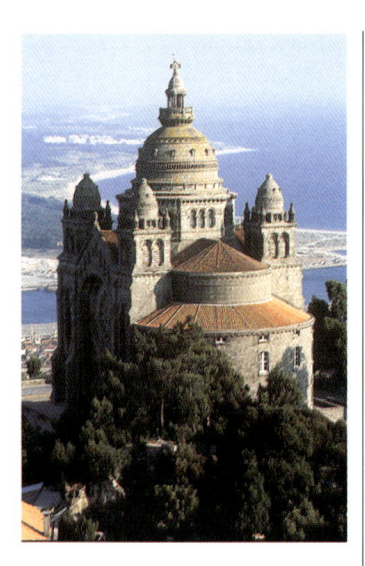

Viana do Castelo. Santuario.

Otra de las calles que cuentan con un denso patrimonio es la de Manuel Espregueira, donde está la casa de los Rubins, con puertas y ventanas manuelinas, y la pastelería Dantas, de estilo Art Decó. Al final de esta calle, el museo municipal, instalado en el palacete Barbosa Maciel, exhibe buenas colecciones de artes decorativas, muebles y piezas arqueológicas.

Junto a la estación de ferrocarril, otro palacio notable es el de los Condes da Carreira, levantado en la primera mitad del siglo XVI y ocupado actualmente por la Cámara Municipal. Por último, entre las obras que se incorporaron a la ciudad durante el siglo XIX, destaca el Teatro Sá de Miranda y el puente sobre el Lima, realizado por Eiffel y habilitado para el paso de trenes y automóviles.

Siguiendo el curso del río hacia el interior, la carretera nos conduce por un paisaje de contornos suaves en dirección a Ponte de Lima. Antes de llegar a esta población, es muy aconsejable tomar el desvío que lleva a Estorãos, pequeña aldea que conserva viejos molinos de agua y en cuyas cercanías se alza la capilla do Espírito Santo de Moreira do Lima, una deliciosa obra románica del siglo XII.

Ya en Ponte de Lima, el viajero se sentirá impresionado por el enorme puente de 15 arcos que cruza el río y que aún muestra trazas romanas, testimonio del origen de la población, nacida junto a la calzada que unía Braga y Tuy.

El centro histórico de Ponte de Lima, antiguamente rodeado de murallas, conserva de éstas las torres de S. Paulo y Cadeia Velha y está formado por un breve conjunto de callejones, con algunas casas solariegas y una iglesia parroquial con portada gótica, rosetón y torre almenada. Otro templo de interés es el de S. Francisco, de mediados del siglo XVIII, convertido en museo de arte sacro, con una buena colección de estatuas y elementos procesionales.

En la entrada del puente, la plaza de Camões, rodeada de bellas fachadas, sirve como espacio de relajo y gira en torno a su fuente barroca, adornada con inquietantes máscaras cubiertas de verdín.

Al margen de su patrimonio monumental, Ponte de Lima es una villa encantadora, muy marcada por su proximidad al cauce del Lima, que pese a su aspecto manso ha anegado varias veces las calles de la ciudad. Las señales de las inundaciones, marcadas en una de las torres de la muralla, no parecen haber alterado la estrecha relación con el río, bordeado por una preciosa alameda que constituye un habitual lugar de paseo.

Barcelos y el litoral de Esposende

Desde Viana do Castelo por una carretera que cruza frondosos bosques de eucaliptus, se llega a Barcelos, la población que se asienta junto al río Cádavo y ha alcanzado

Barcelos. Artesanía

fama por el inconfundible gallo de colores vivos que simboliza al país.

El origen legendario de esta pieza de artesanía data del siglo XIV, cuando un peregrino que iba hacia Santiago de Compostela fue acusado de un robo. Al defender su inocencia y en vista de que nadie le creía, el inculpado imploró la ayuda del santo y, señalando un gallo asado, aseguró que se levantaría y cantaría. Así fue. El gallo se levantó y se puso a cantar y el peregrino fue liberado. A raíz de aquel hecho, el gallo fue representado en un crucero, que aún se puede ver en el museo arqueológico de la ciudad, y pasó a ser una pieza clave en la abundante cerámica de la región, como queda patente en la vistosa feria que tiene lugar todos los jueves sobre un vasto solar arbolado.

En el recorrido por la ciudad, el visitante puede detenerse en el templo del Senhor Bom Jesus, muy próximo a la zona ferial, y seguir por la calle peatonal de Antonio Barroso, donde se pueden ver algunas bonitas fachadas de azulejos y veteranos establecimientos comerciales, como la confitería Salvação, fundada en 1830.

A la orilla del río -junto al puente medieval- se alza parte del núcleo histórico, integrado por la picota gótica coronada por un bonito lucernario, las ruinas del palacio de los Condes de Barcelos, del siglo XV, habilitadas como museo arqueológico, y la iglesia parroquial, con su austera fachada en la que destaca el rosetón y la portada gótica. Otro edificio religioso de interés es la iglesia de Nossa Sra. do Terço, del siglo XVIII, con sus muros cubiertos íntegramente de azulejos.

A partir de Barcelos, la carretera que conduce directamente a la costa nos acerca a Esposende, villa de vieja tradición comercial y astillera, con una iglesia parroquial del siglo XVI, bastante reformada. La población se asienta junto a un litoral arenoso, declarado "paisaje protegido", formado por una extensa franja de dunas que abarca desde la desembocadura del Neiva, al norte, hasta Apúlia, al sur.

Otras excursiones de interés

En dirección al norte, vale la pena recorrer el litoral hasta Caminha y el bello estuario del Miño (ver capítulo de Vila Nova de Cerveira). Hacia el sur, más allá de Esposende, Póvoa de Varzim cuenta con excelentes playas y Vila do Conde, con un patrimonio monumental en el que destaca el imponente monasterio de Sta. Clara y la iglesia parroquial, del siglo XVI, con portada plateresca.

Vila do Conde. Iglesia parroquial.

POUSADA DE VILA NOVA DE CERVEIRA «DOM DINIS»

4920.- VILA NOVA DE CERVEIRA

Conviene Saber

☎ (051) 79 56 01/05
Fax: (051) 79 56 04
Localización: Dentro de la fortaleza de Vila Nova de Cerveira
Precio: Habitación 14.350-22.960 Pta

Cocina: sopa de aldea, bacalao a Margarida de Praça y cerdo asado a Moncão
Postres: dulces de huevo y almendra
Habitaciones: 26 dobles y 3 suites, algunas con televisión

Categoría
CH

Instalaciones

La Pousada de Don Dinis

Junto al tramo final del Miño, antes de llegar a su desembocadura, la pousada de Don Dinis ocupa el interior de un castillo levantado en el siglo XIV para reforzar las defensas de la línea fronteriza. El establecimiento, cuya recepción ocupa un caserón junto a la puerta de acceso a la ciudadela, es en realidad un conjunto de edificaciones aisladas, repartidas por el interior del recinto y comunicadas mediante callejones que hacen el papel de pasillos a cielo abierto. Los dormitorios, amplios y con pequeños patios, ocupan las antiguas casas de pescadores, dando la sensación de que el huésped se aloja en una aldea medieval. También dentro del recinto, la vieja capilla, la picota, los jardines y un edificio blasonado, habilitado como bar, contribuyen a la unidad del conjunto, en el que sólo desentona el moderno pabellón del comedor.

La rehabilitación de la fortaleza y su transformación en pousada, que en su día fue galardonada con el premio Europa Nostra, ha sido escrupulosa con el recinto amurallado, desde el que se tienen inmejorables vistas sobre el Miño y las feroces tierras gallegas.

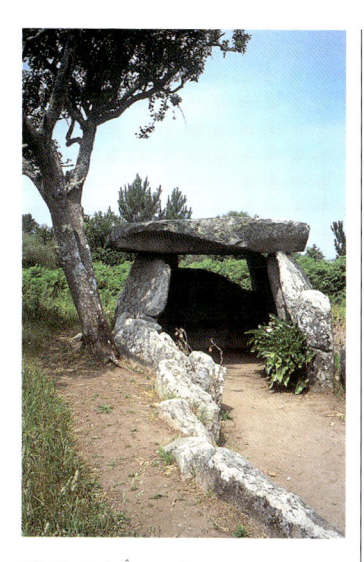

VILA NOVA DE CERVEIRA

Vila Praia de Âncora. Dolmen da Barrosa.

Caminha. Iglesia parroquial.

Caminha y el estuario del Miño

A partir de Vila Nova de Cerveira, una carretera bordea el Miño hasta su desembocadura, dominada por el monte Santa Tecla, que se alza en la ribera española. Junto al estuario, catalogado como una zona de gran riqueza ornitológica, se encuentra la bonita ciudad de Caminha que también recibe las aguas del Coura.

El centro de Caminha, parcialmente protegido por los restos de su muralla, gira alrededor del *Largo* do Terreiro, una hermosa plaza circular en la que destaca la fuente del siglo XVI, rodeada por los entoldados de las terrazas. Mirando a la plaza se alzan los Paços do Concelho, del siglo XVII y la torre del Relógio, uno de los escasos vestigios de la muralla del siglo XIV. Muy cerca de éstos la iglesia de la Misericórdia conserva una agradable portada renacentista y también en el entorno de la plaza, en la calle Corredoura, se puede ver el palacio de los Pitas, gótico, con elegantes ventanas y una fachada blasonada.

La torre del Relógio comunica con la calle Direita, una estrecha vía empedrada y bordeada por casas bajas, con algunos portales manuelinos, que conduce al viajero hasta la iglesia parroquial, la principal joya monumental de la ciudad. El templo, rodeado de un bastión fortificado, es un bello edificio gótico hecho en granito y adornado con elementos renacentistas, sobre todo en las portadas, en las que destaca el rosetón que ilumina la nave central. En el interior, de una gran riqueza ornamental, llama la atención el magnífico artesonado mudéjar y la capilla del Sacramento, con un sagrario giratorio de madera.

Desde Caminha, la carretera que continúa por la costa ofrece la ocasión de hacer un breve desvío hasta la misma hoz del Miño, en un paisaje de playas y pinar desde el que se divisa el fuerte de la Insua, asentado en un islote rocoso. En el interior de la fortaleza, del siglo XVI, se conserva una capilla de origen románico recubierta de azulejos y los restos de un pequeño claustro.

Continuando la ruta, llegamos a Vila Praia de Âncora, pueblo veraniego que mantiene su ambiente pesquero en una mínima ensenada junto al fuerte de Lagarteira. En este rincón, las sólidas murallas de la construcción defensiva, crean un vivo contraste con las barcas que descansan sobre la arena, el pescado puesto a secar al sol y el ir y venir de las bandadas de gaviotas alrededor de la lonja. A poca distancia de Vila Praia, hacia el interior, el viajero tendrá la ocasión de ver un magnífico monumento megalítico, el dolmen de Barrosa, clasificado como monumento nacional.

Arcos de Valdevez y el castillo de Lindoso

También en el entorno de la pousada se puede hacer una excursión muy distinta que nos llevará hasta el curso alto del Lima, pasando por los bellos paisajes de Paredes de Coura. La primera escala en este recorrido es Arcos de Valdevez, pueblo que -pese a que ofrece una primera impresión de cierto descuido- esconde un pequeño núcleo monumental no desprovisto de interés. Subiendo a la parte alta de la localidad, el viajero llega al *Largo* da Lapa, una plaza convertida en cruce de caminos, en la que se encuentra la iglesia barroca de Nossa Sra. da Lapa, con una nave octogonal y buenas tallas doradas.

Junto a esta plaza, en un callejón y encajonada entre dos casas se puede ver la capilla de Nossa Sra. da Conceição, una mínima edificación románica que guarda el sepulcro de un abad, con su estatua yacente. Más arriba, al borde de la plaza municipal se alza la picota manuelina y la iglesia parroquial, románica aunque reconstruida en el siglo XVII. También en la zona alta destaca el núcleo de la casa del Terreiro, del siglo XVIII y la iglesia del Espírito Santo.

La estampa más bella de la ciudad es la que ofrece la ribera del Vez en las inmediaciones del puente del siglo XIX. El agua, que forma remansos y desniveles tras pasar bajo el puente, refleja el denso arbolado de la ribera, sobre el que asoma la torre del templo de S. Paio.

De nuevo en ruta, alcanzamos Ponte da Barca, otra localidad histórica nacida junto al río Lima. La villa, de origen medieval, debe su nombre a la barca que unía las dos orillas y permitía cruzar a los peregrinos que iban a Santiago. En el siglo XV se construyó un gran puente y la localidad pasó a llamarse S. João de Ponte da Barca.

Dentro del núcleo destaca la iglesia parroquial, del siglo XVI, algunas casonas solariegas y el jardín de los Poetas, donde se alza la picota y un curioso edificio -declarado monumento nacional- que jugó el

Arcos de Valdevez.

VILA NOVA DE CERVEIRA

Ponte da Barca.

papel de mercado cubierto. Junto al río, una zona habilitada como playa fluvial ofrece la grata ocasión de descansar sobre el césped.

A pocos kilómetros en dirección a Ponte de Lima (ver capítulo dedicado a Viana do Castelo), junto a la carretera se levanta el templo románico de S. Salvador de Bravães, una de las obras maestras de este estilo en el norte de Portugal. El edificio, construido en el siglo XII tiene valiosos capiteles y una bellísima portada decorada con un tímpano en el que aparece la figura de Cristo.

En dirección opuesta, bordeando el Lima, se llega a las estribaciones de la sierra de Peneda, integrada en el parque nacional de Peneda-Gerês. Poco antes de alcanzar la frontera española, Lindoso muestra su castillo, muy bien preservado, en el que se puede ver la cisterna que recogía el agua de lluvia, el puente levadizo y el foso. Desde el mismo castillo la panorámica incluye un gran conjunto de *espigueiros* (hórreos), que se extiende a los pies de la fortaleza y forma una de las muestras de arquitectura popular más singulares del país.

Otras excursiones de interés

La proximidad de Valença do Minho (descrita en las páginas de su pousada), permite una escapada a esta ciudad fortificada. En las inmediaciones de Caminha, hacia el interior, un bonito camino lleva hasta Vilar de Mouros, pueblecillo agradable con un puente medieval y restos de viejos molinos de agua.

Arquitectura rural.

Lindoso. Espigueiro y castillo al fondo.

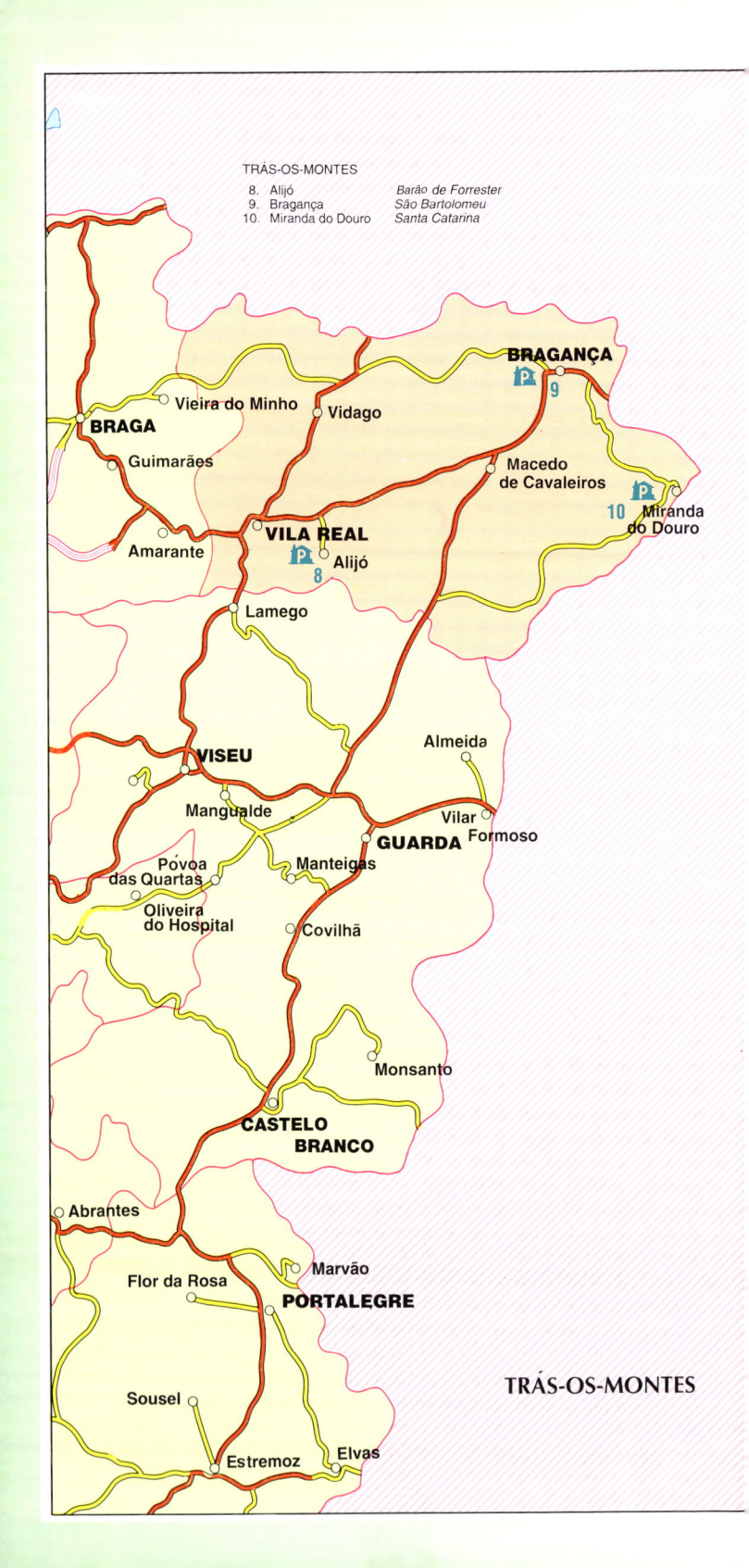

TRÁS-OS-MONTES
8. Alijó — *Barão de Forrester*
9. Bragança — *São Bartolomeu*
10. Miranda do Douro — *Santa Catarina*

TRÁS-OS-MONTES

TRÁS-OS-MONTES

La región trasmontana, apartada tras las sierras de Marão y de Gerês, tiene la merecida fama de ser una de las más recónditas y desconocidas del país. El paisaje, formado por mesetas truncadas por moles rocosas y profundas vaguadas, alterna las extensiones de pasto destinadas a los rebaños de ovejas, en las zonas más altas, con algunos vergeles que ocupan los valles, mucho más poblados, en los que se prodigan el maíz, los frutales y los viñedos.

En una dura lucha contra el relieve, los cultivos ocupan también las laderas de las mesetas, siguiendo una técnica de terrazas, sujetas por muros de piedra que deben ser reparados tenazmente todos los años. En las márgenes del Duero, los viñedos, cultivados en un equilibrio imposible sobre las laderas, crean parajes de una belleza espectacular.

La población, escasa y dispersa, conserva numerosas muestras de su antiguo aislamiento, como el dialecto mirandés, que todavía se habla en el extremo oeste de la región, y una arquitectura de granito y pizarra, muy bien preservada en las aldeas del parque natural de Montesinho, al norte de Bragança. Además de las viviendas se pueden ver también otras construcciones tradicionales, como los hornos de pan, los molinos, los lagares y los palomares con su característica forma de herradura.

En acusado contraste con esta arquitectura, humilde y primitiva, junto al Duero se encuentran los grandes solares de las firmas dedicadas a la producción del Oporto, en los que se alzan elegantes casas señoriales, como el famoso solar de Mateus, cerca de Vila Real. Junto a esta bella ciudad capital del distrito, que atesora un buen patrimonio de arquitectura civil, las villas de Bragança y Miranda do Douro, constituyen buenos conjuntos monumentales en una región fronteriza en la que también abundan los castillos y el Duero forma profundos cañones, inundados por los grandes embalses de Picote y Miranda do Douro.

Gastronomía: La cocina de Trás-os-Montes recoge tendencias tan dispares como los platos de caza, los productos del cerdo, básico en la economía familiar o la tradición judía, aportada por la población hebrea que emigró a estas tierras tras ser expulsada de España. El bacalao, emblema de la cocina portuguesa, se prepara asado con pan de centeno y entre los postres destacan las *filloas*, las quesadas y las rosquillas. La producción de vinos incluye el renombrado Oporto, pero también algunos caldos rosados, en general frescos, como los que se producen en Vimioso, Mogadouro y Vila Real.

Artesanía: La producción artesanal está muy unida al pastoreo y a la vieja actividad ganadera, incluyendo cubiertos de madera con delicadas tallas, así como unas curiosas capas de paja, cubiertas de junco y centeno, empleadas por los pastores para protegerse del agua. Los barros negros de Bisalhães tienen también merecida fama y son objeto, junto con otras cerámicas, de una feria artesana que se celebra en Vila Real a finales de junio.

Fiestas: En Régua, los festejos dedicados a la Senhora do Socorro, los días 15 y 16 de agosto, incluyen fuegos artificiales sobre el Duero. En Montalegre es muy popular la romería del Senhor da Piedade, que se realiza el primer domingo de agosto en un pequeña capilla próxima a la ciudad, incluyendo espectaculares procesiones. En Vila Real, tiene una antiquísima tradición la procesión del Corpus y en Mesão Frio la feria de Santo André, que dura dos semanas, entre el 30 de noviembre y el 15 de diciembre, es una de las mayores de la provincia.

POUSADA DE ALIJÓ «BARÃO DE FORRESTER»

5070.- ALIJÓ

Conviene Saber

☎ (059) 95 92 15- 95 94 67
Fax: (059) 95 93 04
Localización: En la ciudad de Alijó junto a la oficina de Correos
Precio: Habitación 8.200-11.890 Pta

Cocina: lomo de cerdo asado con piña, cabrito a la serrana y pescados del Duero en escabeche
Postres: peras en vino de moscatel
Habitaciones: 20 dobles, con una decoración agradable, llena de detalles rústicos.

Categoría
B

Instalaciones

La Pousada de Barão de Forrester

La pousada de Alijó, habilitada en 1983 en un hermoso caserón de esta localidad, es un punto de partida idóneo para recorrer las riberas del Duero, con su continua sucesión de terrazas y espléndidos paisajes de viñedos en los que se produce el prestigioso vino de Oporto. El entorno inmediato de la pousada, la villa de Alijó, es un núcleo de ambiente veraniego, con algunos palacetes decimonónicos y muy transformado por el paso del tiempo, que apenas ha respetado su origen medieval. No obstante, conserva una bella iglesia parroquial del siglo XVIII y, sobre todo, un frondoso arbolado entre el que sobrevive algún plátano centenario.

Los pueblos del Duero

Hacia el sur, la carretera que pasa por Riba Tua lleva al viajero directamente hasta uno de los parajes más espectaculares del curso del Duero, en el que se juntan las aguas de este río y el cauce del Tua, entre cerros cubiertos totalmente por las viñas que bajan hasta el mismo borde del agua. A partir de aquí, una carretera sinuosa y accidentada conduce hasta la aldea de Ribalonga y más adelante a Linhares, desde donde se puede acceder andando hasta la llamada Fraga das Ferraduras, enorme pedregal que conserva grabados prehistóricos. La población de Linhares, bordeada por un río de aguas claras, tiene una bonita iglesia y un caserío acogedor, que suaviza momentaneamente el escarpado paisaje de la región.

Siguiendo trayecto hacia Carrapatosa, la ruta pasa por esta población y baja hasta la presa de Valeira, para volver a subir, de inmediato, ofreciendo impresionantes panorámicas del embalse y el curso encajonado del río. Poco después, el viajero llega a S. João de Pesqueira, localidad que debe su nombre a la abundante pesca que llegó a existir en esta zona del Duero.

S. João de Pesqueira es una villa de aspecto aristocrático, donde estudió el controvertido marqués de Pombal, alumno del antiguo convento de S. Francisco, y que fue cuna del linaje de los Távoras, cuyo solar aún se conserva en la plaza de la Republica. Este precioso conjunto monumental, en el que también se encuentran la capilla barroca de la Misericórdia, así como el arco y la torre de la vieja muralla medieval, es el rincón más sorprendente de la villa, en la que además destacan el Ayuntamiento y el solar del Cabo, ambos del siglo XVIII.

Reemprendiendo el camino, habrá que dirigirse a Pinhão, otro de los bellísimos parajes del Duero en este tramo. Antes de llegar al pueblo, se puede tomar un desvío hasta Tabuaço, en cuyo término se encuentra el templo medieval de Barcos, catalogado como monumento nacional.

Pinhão, cuyo nombre procede de un pequeño afluente del Duero, recibe al viajero con su estación de ferrocarril -con bonitos paneles de azulejos- y un puerto fluvial que prueban su importancia en el transporte del vino de la región.

S. João de Pesqueira.

El río, que forma aquí un amplísimo recodo de aguas remansadas, deja impresiones muy gratas en nuestra retina, antes de que emprendamos viaje hacia Sabrosa, bonito pueblo de origen medieval que conserva una iglesia del siglo XVII y varias casonas solariegas.

Vila Real y el parque natural de Alvão

A partir de Alijó otra de las excursiones atractivas es la que nos acerca a Vila Real, la capital de Trás-os-Montes, que se eleva a más de 400 metros de altitud en la margen derecha del río Corgo. La ciudad fue fundada por D. Dinis en el siglo XIII y actualmente es una villa activa y animada, con un buen conjunto de calles y monumentos que parecen mirar al bulevar de Carvalho Araújo. En este agradable paseo se encuentra la iglesia de S. Domingos, que hace el papel de catedral y fue antiguamente el templo de un convento dominico del siglo XV. Es de estilo gótico y su interior, de tres naves, conserva algunos sepulcros, capiteles de interés y un cuadro de la Virgen del siglo XVI.

En esta misma avenida se alzan algunos caserones palaciegos, como la casa renacentista de Diogo Cão, el descubridor del Congo, y un edificio del siglo XVI con fachada manuelina, donde se ha habilitado la oficina de turismo. Al inicio de esta calle destacan los Paços do Concelho y más allá la Vila Velha, un promontorio en el que se levanta la iglesia de S. Dinis, rodeada por el cementerio, desde el que se tienen buenas vistas de la confluencia de los ríos Cabril y Corgo.

El recorrido monumental no debe pasar por alto dos bellas iglesias, la de los Clérigos, edificio barroco realizado por Nicolau Nasoni, con una hermosa portada, y la de S. Pedro, del mismo estilo, con un valioso artesonado y azulejos policromados del siglo XVII. Por último, el viajero que aprecie la solera de los comercios centenarios puede acercarse a la *Taberna do alemão*, un pequeño establecimiento de vinos que se encuentra entre los más antiguos del país.

A 3 kilómetros de Vila Real se levanta el Solar de Mateus, una preciosa mansión del siglo XVII perteneciente a los condes de Vila Real y proyectada por Nasoni. El conjunto palaciego, adornado con pináculos y una monumental escalera, incluye una bonita iglesia barroca y se muestra a los ojos del viajero reflejado sobre un gran estanque en el que asoma una estatua femenina que parece dormir sobre el agua. El interior del palacio conserva

Vila Real. Palacio Mateus.

Vila Real. Solar de Mateus.

Parque Natural de Alvão. Fisgas de Ermelo.

Parque Natural do Alvão.

magníficos techos de madera tallada, mobiliario de distintas épocas, una rica biblioteca y un pequeño museo con tallas religiosas, adornos y objetos litúrgicos.

También el entorno merece un recorrido pausado para poder disfrutar de los jardines de estilo francés, con fuentes, parterres, estatuas y una espléndida galería de alibustre.

De nuevo en Vila Real, tomando la carretera que conduce a Amarante y desviándonos a la derecha, en dirección a Mondim de Basto, llegamos al parque natural do Alvão, una pequeña área montañosa integrada en la sierra de Marão, con parajes muy bien preservados en los que sobreviven el lobo, el corzo y algunas especies vegetales únicas.

Pese a su modesta superficie, el parque natural ofrece una notable variedad paisajística que incluye vegas fértiles y roquedales desnudos de vegetación. Pero sin duda lo más característico del parque es la arquitectura tradicional, casas de piedra oscura cubiertas de rastrojo o pizarra, que configuran *pueblos negros*: Lamas de Olo, Dornelas, Ermelo,..., a menudo confundidos con el paisaje. Uno de los más característicos es Ermelo, en cuyas inmediaciones se encuentran además las Fisgas, unas espectaculares caídas de agua formadas por el pequeño cauce del Olo.

En las proximidades del parque natural, el viajero puede prolongar su trayecto hasta Mondim de Basto, localidad de origen medieval que cuenta con una iglesia de raíz gótica en la que se conserva una colección de arte sacro. La población forma parte de la bellísima región atravesada por el Tâmega, cuyas aguas han llenado de dulzura y fertilidad estas tierras.

Otras excursiones de interés

Saliendo de Alijó en dirección al norte se llega a la pequeña población de Cha, en cuyas inmediaciones, aunque mal señalizado, se puede ver un dolmen muy bien preservado rodeado de un agradable pinar. Algo más lejos, Pópulo conserva también un castro, con restos del recinto amurallado. Siguiendo por este camino se llega a Murça, villa que tiene como símbolo inconfundible la legendaria *porca*, tallada en una sola roca, que posiblemente sirvió como objeto de culto y hoy se exhibe sobre un pedestal.

POUSADA DE BRAGANÇA
«SÃO BARTOLOMEU»

5300.- BRAGANÇA

Conviene Saber

☎ (073) 33 14 93/94
Fax: (073) 23 453
Localización: a las afueras de Bragança, en dirección a Vila Real
Precio: Habitación 8.200-11.890 Pta

Cocina: pulpo empanado con ensalada y medallón de ternera asada
Postre: delicias de almendra
Habitaciones: 27 dobles y 1 suite

Categoría	Instalaciones
B	

La Pousada de São Bartolomeu

Frente al conjunto monumental de Bragança y separado de éste por el hondo cauce del río Fervença, se alza la pousada de S. Bartolomeu, construida a finales de los años 50 y ampliada recientemente. El interior del edificio, en el que se pueden ver detalles de decoración rústica, como un viejo telar, cuenta con unos agradables salones desde los que la panorámica de la ciudad, sobre todo al caer la tarde, adquiere bellísimas tonalidades.

Bragança. Castillo.

Bragança. Domus Municipalis.

Bragança

La villa de Bragança, considerada como una de las más antiguas de Portugal, alcanzó rango de ciudad en el siglo XII cuando empezó a configurarse el burgo medieval, coronado por el castillo y rodeado de murallas. Tres siglos más tarde se convirtió en el feudo de la casa de Bragança, que reinaría en Portugal desde 1640 hasta comienzos del presente siglo.

Su pasado historial está muy bien representado en el interior de las murallas, protegidas por 18 torreones. En este recinto se puede ver el castillo, presidido por una imponente torre del homenaje del siglo XV, almenada, con saeteras y elegantes ventanas ojivales. En torno al castillo, se alza la picota gótica y la iglesia de Sta. Maria, del siglo XVII, con una hermosa portada y un techo pintado acentuando la perspectiva. Junto a la iglesia se puede ver el curioso Domus Municipalis, un edificio civil del siglo XII que constituyó el primer ayuntamiento de Portugal y en el que todavía se conserva la primitiva sala de reunión del consistorio.

También dentro del recinto se encuentra el barrio más entrañable de Bragança, una pequeña trama de calles estrechas y encaladas adornadas de flores, en la que de cuando en cuando surge una tienda de recuerdos o la terraza de un café. El caserío, así como el paisaje de olivares y cultivos que rodea la ciudad, tiene su mejor mirador en el paseo de ronda de la muralla.

Fuera de ésta, descendiendo hacia el río se extiende la ciudad más tardía, presidida por la catedral, del siglo XVI, con portada y ventanas renacentistas. En su interior destacan el claustro y la sacristía, también renacentistas.

En torno a la plaza de la Sé y la cercana plaza del Mercado, se levantan otros edificios religiosos, como la iglesia de Sta. Clara, que forma parte de un convento del siglo XVI, y la de la Misericórdia, recubierta de azulejos. Esta última se encuentra en la calle Abilio Beça, en la que se puede ver una bonita serie de caserones que incluye el museo Abade Baçal, instalado en el antiguo palacio episcopal y que reúne una variada colección de piezas arqueológicas, mobiliario y objetos decorativos. La misma calle conduce al templo de S. Vicente, donde según la tradición se casaron secretamente el rey D. Pedro e Inés de Castro.

Un poco más retiradas, también merecen una visita la iglesia de S. Bento, con portada renacentista y un bonito techo mudéjar, y la de S. Francisco, cuya fundación se atribuye al mismo santo durante su viaje a Portugal.

El parque natural de Montesinho

Al norte de Bragança se extiende la sierra de Montesinho, declarada parque natural en 1979, que conserva antiquísimas aldeas y ofrece innumerables recorridos a quienes aprecian los paisajes bien preservados. Uno de los trayectos más atractivos es el que lleva a la localidad fronteriza de Río de Onor, mitad portuguesa y mitad zamorana. La carretera, que va bordeando el río Igrejas, se interna en un paisaje de vegetación baja, casi estepario, hasta llegar al último pueblo del trayecto, Río de Onor, dividido por este cauce de aguas transparentes.

Las casas de piedra oscura, cubiertas con gruesas lanchas de pizarra dan un aire primitivo a esta aldea en la que el viajero, de forma inesperada y súbita, puede encontrarse en suelo español. Presidiendo el caserío, una encantadora iglesia, con un campanario accesible por una estrecha escalera, permite ver el conjunto de los tejados, que adquieren brillos plateados con el sol.

Otra ruta igualmente bonita y más boscosa es la que conduce a la población de Montesinho, casi en el centro de la sierra. La carretera esta vez bordea el río Sabor para llegar a França, pueblo encajonado en el que se pueden ver algunas de las edificaciones tradicionales de la región: los palomares, con su curiosa forma de cilindro truncado, y un molino de agua, rehabilitado por la propia administración del parque.

A partir de França, el trayecto nos lleva a Montesinho, uno de los pueblos más altos de la zona, con bonitas casas de piedra y balconadas de madera. En sus calles se respira el más puro ambiente rural y es fácil ver a los vecinos, generalmente mayores, entregados tranquilamente a sus quehaceres de siempre.

También desde Bragança, otra escapada nos lleva a través de un precioso paisaje de robledal hasta la villa de Mofreita, pasando por aldeas como Vilarinho y Fontes de Transbaceiro, con excelentes conjuntos de arquitectura popular. Al final de este recorrido, Dine esconde unas cuevas prehistóricas que acreditan la antiquísima población de la comarca.

El recorrido del parque no se agota en las distintas carreteras que parten de Bragança. La cercana población de Vinhais, que conserva una primitiva iglesia románica y los restos de un castillo, también es un buen acceso a

Parque Natural de Montesinho.

la sierra, con rutas como la que lleva a Moimenta, aldea perdida con bonitas casas en las que destacan las puertas y ventanas, talladas a cincel.

De Outeiro a Mirandela

Desde Bragança, en dirección sureste, el viajero puede iniciar un intrincado recorrido que le llevará por el agreste paisaje trasmontano. La primera parada puede ser Outeiro, villa que toma el nombre de un otero sobre el que reposan los escasos restos de un castillo. En la parte baja del pueblo, se alza la monumental iglesia de Sto. Cristo, del siglo XVII, con una elegante fachada con rosetón y puerta geminada. Frente a ella, en medio de una gran explanada se conserva la picota y en un barrio algo apartado se puede ver el antiguo templo parroquial románico, muy tosco. Muy cerca, Argozelo conserva un pequeño barrio, bastante deteriorado, que alojó una judería a lo largo de los siglos XV y XVI.

Siguiendo la ruta y tras un recorrido por carreteras de segundo orden llegamos a Macedo de Cavaleiros, localidad de origen muy remoto que muestra algunas casas solariegas, una gran fuente adornada con azulejos y una iglesia del siglo pasado levantada con los materiales del antiguo

Outeiro.

convento. A pocos kilómetros y en un paraje recóndito se alza el santuario de Balsamão, famoso eremitorio en la antigüedad.

A partir de Macedo, la ruta sigue hacia Mirandela atravesando la sierra de Bornes. La villa de Mirandela, de origen romano, fue una de las numerosas fortificaciones amuralladas por D. Dinis, que también mandó construir el castillo. De las murallas queda la puerta de S. Antonio y en el lugar del castillo se levantó durante el siglo XVII el bello palacio de los Távora, ocupado actualmente por los Paços do Concelho. Además de estos edificios, Mirandela conserva una iglesia y unas capillas de origen medieval, aunque muy reformadas, y un monumental puente románico de veinte arcos desiguales, que atraviesa el río Tua.

Otras excursiones de interés

A partir de la pousada existe la posibilidad de hacer un breve circuito que va ofreciendo panorámicas cambiantes de Bragança. En un monte cercano y dominando la ciudad, está uno de los miradores más espectaculares, la ermita de S. Bartolomeu, un poco abrumada por la proximidad de un repetidor.

POUSADA DE MIRANDA DO DOURO
«SANTA CATARINA»

5210.- MIRANDA DO DOURO

Conviene Saber

☎ (073) 41 005
41 255
Fax: (073) 41 065
Localización: En el centro de la ciudad
Precio: Habitación 9.840-15.580 Pta

Cocina: ensalada de pulpo a la trasmontana, ternera a la mirandesa y bacalao con pan de centeno
Postres: dulce de nueces
Habitaciones: 11 dobles y 1 suite

Categoría
C

Instalaciones

La Pousada de Santa Catarina

La pousada de Sta. Catarina es una construcción de comienzos de los sesenta, levantada al mismo borde de un barranco por el que transcurren las aguas del Duero, remansadas en este tramo por un gran embalse. Las habitaciones, cuyas terrazas ofrecen una espectacular panorámica del río y de los paredones verticales de la ribera zamorana, tienen su contrapunto monumental en el comedor, que brinda hermosas vistas de la catedral y el conjunto mirandés.

MIRANDA DO DOURO

Miranda do Douro. Catedral.

Miranda do Douro

La villa de Miranda do Douro se remonta posiblemente a la Edad de Hierro, aunque su auge es mucho más tardío y se debe a la iniciativa de D. Dinis, que mandó construir el castillo y la muralla defensiva. Durante el siglo IV pasó a ser sede episcopal, iniciando su época de esplendor y convirtiéndose en la capital cultural y religiosa de Trás-os-Montes.

A mediados del siglo XVIII, una tremenda explosión de sus polvorines destruyó el castillo y las murallas, diezmando a la población y dejando seriamente dañado el conjunto monumental. No obstante, éste sigue ofreciendo rincones de gran interés y callejas que incitan a un paseo sosegado.

Presidiendo el casco viejo se alza la catedral, levantada durante el siglo XVI según un proyecto de Diogo de Torralva. La fachada, de un sobrio estilo renacentista, está flanqueada por sendas torres y da paso a un interior amplio y suntuoso, en el que destaca el altar mayor, recubierto de talla dorada. Entre su rica ornamentación resalta el monumental órgano del siglo XVIII y el Menino Jesus da Cartolinha, imagen que según la leyenda dirigió un ataque contra las tropas castellanas durante el siglo VII. La insólita vestimenta de esta talla, encerrada en una vitrina en la que se pueden ver trajes muy variados, la convierten en uno de los símbolos más característicos de la ciudad.

En el entorno de la catedral, que ofrece buenas perspectivas del embalse de Miranda, se encuentran también las ruinas del antiguo palacio episcopal, destruido en 1706 por un incendio que apenas dejó los restos del claustro.

En el centro de Miranda se encuentra el edificio de los Paços do Concelho, con una noble fachada que da a una encantadora plaza rodeada de edificios renacentistas. Uno de los más bonitos está ocupado por el Museo da Terra de Miranda, destinado a la arqueología y la etnografía de esta región, rica en tradiciones, que cuenta además con un dialecto único en el país, el *mirandés*. Alrededor de la plaza están las calles más antiguas, con numerosas viviendas del siglo XV, entre las que destaca una, muy singular, que muestra un grabado con unas nalgas, alusivo a viejas rencillas con pueblos del otro lado de la frontera.

Dentro del conjunto monumental,

Miranda do Douro. Río.

también llamarán la atención del visitante los restos del castillo, con la torre del homenaje, así como la iglesia barroca de la Misericórdia y una puerta de la antigua muralla.

Por los cañones del Duero

Siguiendo el curso del Duero, hacia el sur, el recorrido nos permitirá ir descubriendo parajes absolutamente espectaculares en los que, a menudo, se puede observar el vuelo de los buitres sobre los profundos cañones del río. La primera escala puede ser la villa de Picote, con una plaza cuyos soportales albergan una simpática tienda de artesanía que recoge raros utensilios tradicionales de la región. Cerca del pueblo, el embalse de Picote nos asoma al accidentado cauce, muy tortuoso en este tramo.

De nuevo en ruta, la carretera se aleja del río en dirección a Mogadouro. Antes de seguir trayecto, habrá que desviarse de nuevo hasta Bemposta, aldea muy antigua cercana a otro embalse. El caserío de Bemposta es muy modesto, pero su visita está plenamente justificada si el viajero consigue ver las máscaras de diablos rojos, que el párroco conserva celosamente y que sirven como indumentaria en una atávica fiesta local. Cerca de Bemposta, aunque mal comunicada, está la aldea de Algonsinho con una bonita iglesia románica del siglo XIII.

El recorrido nos lleva a Mogadouro, villa de fundación árabe, ocupada por

Picote.

los templarios en el siglo XIII y muy alterada por el marqués de Pombal. La ciudad, que gira alrededor de la gran plaza de Trindade Coelho, guarda algunas casas blasonadas, el convento de S. Francisco, del siglo XV y el templo parroquial, del XVI. Muy cerca del convento, un museo arqueológico reúne interesantes piezas del concejo y en la parte alta de la villa se pueden ver también los restos del castillo, con su torre del homenaje y fragmentos de la muralla.

A partir de Mogadouro, si hay tiempo, podemos acercarnos a Lagoaca, donde hay un impresionante mirador sobre el Duero y, más adelante, a Freixo-de-Espada-a-Cinta, ciudad de origen romano que jugó un papel importante como centro de la industria de la seda durante la Edad Media. Coronando esta villa se alza una esbelta torre heptagonal y cerca de ella, la iglesia parroquial, una monumental construcción manuelina en la que destaca el pórtico. Dentro del templo, se puede ver un bonito púlpito de hierro forjado y algunos cuadros del siglo XVI atribuidos a Grão Vasco. Numerosos caserones manuelinos y una curiosa picota del mismo estilo justifican también la visita de esta población.

De Vimioso a la sierra de Mogadouro

A partir de Miranda y apartándose del cauce del Duero, la pequeña carretera que conduce a Vimioso permite detenerse en la aldea de Malhadas, antigua villa medieval en la que se esconde una iglesia románica del siglo XIII, con algunas pinturas al fresco en su capilla mayor. Cerca, un corto desvío en la carretera nos lleva al Santuario de Nossa Sra. de Naso, conjunto religioso que es objeto de una popular romería y que ofrece la ocasión de hacer una pausa en el camino.

De nuevo en ruta, una senda de tierra a mano izquierda conduce al viajero al santuario de S. Adrião. Pese a lo accidentado del recorrido, merece la pena cruzar estos parajes, solitarios y de gran belleza, hasta llegar al santuario, que ocupa un amplio aterrazamiento sobre un barranco cubierto de arbolado.

Volviendo al asfalto, el trayecto va hasta Vimioso, localidad bañada por los ríos Angueira y Santulhão, que cuenta con una notable iglesia parroquial de granito, edificada en el siglo XVI y rematada por una barandilla y dos torres. El pueblo, de traza agradable, tiene también con algunas casas blasonadas, la atalaya de un castillo y el débil recuerdo de una comunidad de hebreos que buscó refugio en este burgo tras su expulsión de España.

La carretera que parte de Vimioso hacia el sur nos acerca a la sierra de Mogadouro, entre cuyo relieve encrespado destaca la aldea de Penas Roias, protegida por el torreón de su castillo.

La fortaleza, levantada por el maestre templario Gaudim Pais en 1166, estaba destinada a recuperar las tierras del norte del Duero en la época más dura de la lucha contra los moros y actualmente conserva sólo restos de la muralla y la torre del homenaje. En torno a ella se puede ver el rústico caserío y bajo la misma torre, al abrigo natural de las rocas, el visitante observador podrá distinguir la llamada *Fraga das Letras*, con restos de pinturas prehistóricas.

La cercana villa de Azinhoso, con una interesante iglesia del siglo XII, dirige al viajero hasta Mogadouro, la capital de la sierra (descrita ya en el anterior recorrido).

Otras excursiones de interés

La inmediata presencia del Duero permite hacer recorridos en barco por la zona de los Arribes, en trayectos que parten de esta localidad y llegan hasta el llamado Despeñadero de la Siniestra, entre paredes de 200 metros de altura. Al norte de Miranda, también vale la pena acercarse a la aldea ganadera de Constantim, una de las que mejor conservan el dialecto mirandés.

Bemposta. Máscaras.

BEIRA LITORAL

BEIRA LITORAL
11. Águeda — *Santo António*
12. Condeixa — *Santa Cristina*
13. Murtosa — *Ria*
14. Oliveira do Hospital — *Santa Bárbara*

- Valença do Minho
- Vila Nova de Cerveira
- **VIANA DO CASTELO**
- Vieira do Minho
- Vidago
- **BRAGA**
- Guimarães
- Póvoa de Varzim
- **PORTO**
- Amarante
- **VILA REAL**
- Alijó
- Lamego
- Murtosa (13)
- Albergaria-a-Velha
- **AVEIRO**
- Caramulo
- **VISEU**
- Águeda (11)
- Mangualde
- Póvoa das Quartas (14)
- Manteigas
- **GUARDA**
- Figueira da Foz
- **COIMBRA**
- Oliveira do Hospital
- Covilhã
- Condeixa (12)
- **LEIRIA**
- Batalha
- Nazaré
- Monsanto
- Caldas da Rainha
- Fátima
- Óbidos
- Tomar
- Castelo de Bode
- Abrantes
- **CASTELO BRANCO**
- **SANTARÉM**
- Flor da Rosa
- Marvão
- **PORTALEGRE**
- Sousel
- Estremoz
- Elvas

BEIRA LITORAL

La provincia que bordea la costa desde el sur de Oporto hasta los arenales de Figueira da Foz, es una extensión de escaso relieve que recoge los tramos finales de numerosos ríos: Vouga, Lis, Mondego,..., a menudo entralazados formando grandes zonas de marisma. Las tierras más cercanas al litoral están ocupadas por las salinas, en activo desde la época romana, cuando se crearon numerosas poblaciones y la sal servía como moneda de cambio en las transacciones comerciales.

Una de las zonas más emblemáticas de esta región es la ría de Aveiro, con su espectacular paisaje de albufera, apartada del mar por un cordón de dunas convertido en reserva natural, en el que todavía se conservan viejos pinares. En el interior de la ría tienen lugar diversas actividades tradicionales, como la pesca y la recogida de *moliço*, una variedad de alga -utilizada como lecho para el ganado- que es trasportada por singularísimas embarcaciones decoradas.

Fuera de la ría, el carácter abierto de la costa hace que el mar arremeta con fuerza en esta zona del país, por lo que aún es posible observar a los pescadores arrastrando sus barcas hasta la parte alta de las playas, antiguamente con la ayuda de bueyes y hoy con el recurso a los tractores. Una impresión muy distinta es la que ofrece el entorno de Figueira da Foz, una de las localidades más turísticas de Portugal, cuyas playas gozan de una merecida fama desde hace siglos. Hacia el interior, las aguas del Mondego contribuyen a la fertilidad del terreno, cubierto de cereal, frutales y viñedos.

El protagonismo histórico de Beira Litoral recae sobre Coimbra, ciudad de vieja tradición universitaria y antigua capital del reino, que atesora un excelente patrimonio monumental. Junto a ella, la villa de Aveiro ofrece al visitante su cálida luminosidad y la estampa inconfundible de sus canales, que denotan el pasado esplendor de la villa.

Gastronomía: Lógicamente, predominan los platos de pesca, como las calderetas de anguila, las sardinas asadas, la merluza en salsa de cebolla y sobre todo los mariscos. Pero también es posible encontrar buenos preparados de carne: lechón asado, cabrito y pollo a la brasa. Entre los postres ocupan el primer lugar los que están hechos a base de huevo: *zamacois, formigos y nabada*, y los vinos están encabezados por los tintos de Bairrada, conocidos en la zona desde el siglo X.

Artesanía: La artesanía de carácter popular es abundante en Aveiro, donde se realizan unas curiosas reproducciones de los barcos "moliceiros" y un tipo de pipas, llamadas *canjirões*, hechas en mayólica con una decoración muy colorista de tipo oriental. La faceta más refinada de la producción artesanal la ocupa la antigua fábrica de porcelana de Vista Alegre, en Ilhavo, algunas de cuyas piezas son muy cotizadas entre los coleccionistas. En Mealhada son notables los trabajos de cestería y en Lousã se sigue trabajando la madera y la piedra de cantería.

Fiestas: Uno de los acontecimientos más importantes de Coimbra es la fiesta de la *Queima das fitas*, cuando los estudiantes dan por finalizado el año universitario quemando las cintas que simbolizan el curso. En Feira, una fiesta de gran tradición es la de las Fogaceiras, que tiene lugar el día 20 de enero y se celebra desde el siglo XVI con procesiones encabezadas por mujeres con cestos llenos de *fogaças* (una variedad de pan dulce). En Lousã, el segundo domingo de Pascua se celebra la romería de Nossa Sra. da Piedade, con procesiones que parten de la ermita y llegan hasta el centro de la población. Las romerías de Aveiro se suelen celebrar en la ría, adornando los barcos *moliceiros* con imágenes de la Virgen.

POUSADA DE ÁGUEDA
«SANTO ANTÓNIO»

3750.- SERÉM

Conviene Saber

☎ (034) 52 32 30/86
Fax: (034) 52 31 92
Localización: A 10 kms. al norte de Águeda, en la carretera de Coimbra a Oporto
Precio: Habitación 9.840-15.580 Pta

Cocina: crema del Vouga, ensopado de anguilas al modo de Aveiro, arroz con pato a la antigua
Postres: natas de cielo
Habitaciones: 12 dobles, 1 suite

Categoría	Instalaciones
C	

La Pousada de Santo António

La pousada de Sto. António, edificada a comienzos de los años 40 y remodelada en 1985, es una construcción rural próxima a la villa de Serém y al curso del río Vouga. La decoración del establecimiento, muy cálida, se basa en el mobiliario tradicional y recrea el ambiente de una casa de campo, con rincones especialmente cuidados, como el comedor en forma de rotonda. La piscina y un pequeño jardín completan las instalaciones de esta pousada, una de las más modestas y entrañables de la red.

Interior de la Pousada.

El valle del Vouga

A partir de la pousada, una de las posibles rutas por la región que se extiende entre la sierra de Caramulo, al este, y la costa de Aveiro, al oeste, es la que bordea el cauce del Vouga antes de que vierta sus aguas en la cercana ría de Aveiro.

El trayecto se puede iniciar en Albergaria-a-Velha, población que toma su nombre de un albergue para viajeros pobres y enfermos, creado en este lugar a comienzos del siglo XII. Entre sus monumentos de interés destaca la iglesia parroquial, con un retablo de talla dorada del siglo XVIII, así como algunas casonas solariegas. Cerca, en la localidad de Frossos, merece la pena detenerse brevemente en la picota y en el paraje lagunar conocido como La Pateira, cuya frondosa vegetación cobija abundantes aves en primavera.

Desde Albergaria, una accidentada carretera nos lleva hasta Sever do Vouga, localidad de origen visigótico, cuyo término estuvo muy poblado durante la prehistoria a juzgar por sus numerosos monumentos megalíticos: el impresionante dolmen de Cerqueira o los grabados rupestres de Forno dos Mouros, son algunos de ellos.

En la población destaca especialmente la iglesia, de origen medieval, muy reformada durante el siglo XVI. Pero el mayor interés de la zona es el entorno bucólico del Vouga, con parajes encantadores como la cascada de Cabreia, en Silva Escura, o el llamado Poço de Santiago, un recodo del río cruzado por un puente por el que circulaban las viejas locomotoras de vapor.

A partir de Sever do Vouga, un trayecto hacia el sur nos acerca a Talhadas, donde se alzan unos gigantescos monolitos, para seguir camino hacia Águeda, una de las principales localidades de la región. La antigüedad de Águeda queda también sobradamente probada por sus vestigios arqueológicos, entre los que destaca la estación romana de Cabeço de Vouga, al borde de una vía militar. Más tarde, durante la ocupación árabe, llegó a ser un lugar muy activo comercialmente y a partir del siglo XVI se centró en la producción artesanal del hierro, que con el tiempo se convirtió en la principal industria local.

El conjunto monumental de Águeda incluye la iglesia de Sta. Eulalia, muy modificada a lo largo de los siglos, que conserva algunas esculturas notables del Renacimiento y una capilla con azulejos. La picota del siglo XVI de la villa de Trofa, numerosas casas del XVII y varias calles típicas situadas en las cercanías del río completan el paseo por el entorno, en el que también se levantan los palacios blasonados de Casa do Adro y Borralha, así como la Quinta de Alta Vila. La iglesia parroquial de Trofa, renacentista, muestra una bella estatua orante de Duarte de Lemos.

Otro de los atractivos de la zona es la casa-museo de Etnografía de la región del Vouga, en la localidad de Mourisca, donde se puede ver una interesante colección de trajes, artesanía y piezas vinculadas al folclore de la región. En Macinhata do Vouga, los aficionados al ferrocarril disfrutarán de un pequeño museo donde se conservan cuatro locomotoras a vapor, la más antigua de 1886, así como diversos testimonios de los primeros tiempos de este medio de transporte.

En Águeda, por último, la casa-museo de la Fundación Dionísio Pinheiro y Alice Cardoso reúne una buena colección de pintura portuguesa de los siglos XIX y XX, así como mobiliario portugués y francés, porcelanas chinas y tapices.

A poca distancia de Águeda, la villa de Oliveira de Bairro merece una escapada y muestra abundantes ejemplos de arquitectura popular, con viviendas de adobe y tejados de cerámica, así como casonas que recuerdan el pasado apogeo industrial de la ciudad. Entre sus edificios de interés, destaca la iglesia parroquial, del siglo XVII, con un retablo mayor del XVIII. Cerca, en Oiã, se levanta un templo con excelentes obras de los siglos XVII y XVIII procedentes del convento de Sta. Ana de Coimbra.

De Oliveira de Azeméis a Vale de Cambra

A partir de Serém, otra escapada conduce hacia los pueblos del norte de la región, una zona densamente urbanizada en la que, esporádicamente, el viajero descubre rincones de gran interés.

El trayecto se puede iniciar en Oliveira de Azeméis, villa que aparece mencionada en documentos del siglo X y que posee numerosas casas blasonadas, así como buenas muestras de la arquitectura de los *indianos* que regresaron enriquecidos del Brasil a lo largo del siglo pasado. Su iglesia de S. Miguel, que conserva en la fachada una curiosa talla del arcángel venciendo al demonio, y el museo regional, habilitado en un caserón de comienzos de siglo, merecen una visita pausada.

En el entorno de Oliveira, un paraje muy apto para el descanso es el parque de La Salette, jardín emplazado en la cima de un monte, desde el que se tienen buenas vistas del caserío. Dentro del parque se alza una capilla neogótica, con unas hermosas vidrieras que acreditan la importancia de la localidad en la industria portuguesa del vidrio.

A partir de Oliveira, sendas carreteras nos llevan al castro de Ul y a la localidad de Ossela, donde se puede visitar la modesta casa-museo del escritor Ferreira de Castro, viajero que dejó un abundante testimonio literario de su vuelta al mundo a lo largo del presente siglo.

Siguiendo camino hacia el norte llegamos a Sta. Maria da Feira, ciudad que alcanzó una notable importancia durante la Edad Media y que está presidida por su castillo, levantado en el lugar de un templo pagano y envuelto en una zona de frondosa vegetación. La fortaleza, que conserva algunos vestigios de sus murallas, adquirió estructura de palacio hacia

Oliveira de Azeméis. Iglesia de S. Miguel.

Oliveira de Azeméis. Parque La Salette.

ÁGUEDA - SERÉM   53

Sta. Maria da Feira. Claustro del convento.

el siglo XV, quedando sus torres rematadas con tejados cónicos que le confieren un perfil de castillo de cuento. A sus pies, el convento del Espirito Santo, del siglo XVIII, muestra su fachada de azulejos y un sobrio y silencioso claustro. Otro edificio de interés es la iglesia de la Misericórdia, del siglo XVI, accesible por una bonita escalera adornada con fuentes.

De nuevo en camino, podemos dirigirnos a la localidad de Vale de Cambra, capital de un antiquísimo concejo cuyos recuerdos aparecen dispersos en la zona. Muy cerca, en Macieira, se alza la austera picota, del siglo XIV, así como el edificio del antiguo ayuntamiento. También en el entorno, se encuentra el bello crucero barroco de Roge, erguido ante la fachada de la iglesia, del mismo estilo y en la lejana aldea de Arões, se puede ver un interesante templo, también barroco.

Entre los parajes naturales de interés, no se debe pasar por alto el embalse de Duarte Pacheco y el mirador de Nossa Sra. da Saúde, santuario rodeado de un agradable parque desde el que se tienen hermosas vistas del valle.

Otras excursiones de interés

Hacia la costa, la ría de Aveiro ofrece innumerables rincones de enorme atractivo (ver capítulo correspondiente a Murtosa). Hacia el interior, el parque natural de la sierra de Caramulo (descrita en el capítulo dedicado a Caramulo) brinda a su vez numerosas excursiones. También hacia el interior, aldeas como Macieira de Alcoba, Carvalhal o Urgueira mantienen el carácter típico de su arquitectura serrana.

Ossela. Casa de Ferreira de Castro.

POUSADA DE CONDEIXA-A-NOVA «SANTA CRISTINA»

3150.- CONDEIXA-A-NOVA

Conviene Saber

☎ (039) 94 12 86/94 40 25
Fax: (039) 94 30 97
Localización: a las afueras de Condeixa
Precio: Habitación 9.840-15.580 Pta

Cocina: cabrito asado con arroz, gallina con salsa
Postre: tripa de monja
Habitaciones: 45 dobles

Categoría
C

Instalaciones

La Pousada de Santa Cristina

La pousada de Santa Cristina se encuentra en la localidad de Condeixa, villa que alcanzó su apogeo durante el siglo XVIII y que conserva numerosos palacios de aquella época. Precisamente junto a uno de los más bellos, Sotto Mayor, a las afueras de la población, se alza la pousada, edificio de construcción reciente inspirado en los palacetes de Beira Litoral. En su interior, donde se mezclan antigüedades y estilos decorativos muy diversos, destaca la escalera central, que conduce a un *hall* acristalado desde el que se accede sin preámbulo al amplio jardín de césped.

Conímbriga

En el entorno de la pousada, Condeixa sirve como punto de partida para visitar uno de los conjuntos arqueológicos más interesantes del país, las ruinas de Conímbriga, situadas a 2 kilómetros de la localidad. El primitivo castro, de fundación muy antigua, se convirtió en una ciudad fortificada durante la ocupación romana -poco antes del inicio de la era cristiana- y albergó una población considerable hasta el siglo V, cuando las invasiones de los suevos provocaron su decadencia.

Los restos que se observan hoy incluyen partes de dos recintos amurallados, uno del siglo I y otro del IV, así como un trecho de la calzada romana que unía Braga y Lisboa, además de una amplísima zona urbana con cimientos de varias termas, una basílica, un anfiteatro, el foro, un acueducto, un barrio de artesanos, comercios y viviendas.

Entre las casas más notables, destacan la de los esqueletos, la de Cantaber, la de la cruz gamada, con mosaicos en los que figura la esvástica, y la de los surtidores. Esta última es particularmente atractiva y cuenta con una espléndida colección de mosaicos policromados y un jardín en el que todavía es posible disfrutar del juego de las fuentes. Junto a las ruinas, un museo muestra los objetos hallados en las excavaciones.

Coimbra y el bosque de Buçaco

Desde Condeixa, un destino obligado es la cercana ciudad de Coimbra, la famosa villa universitaria que jugó el papel de primera capital del reino portugués entre los siglos XII y XIII. Su conjunto monumental, extendido sobre una colina al borde del río Mondego, está dividido en dos zonas muy distintas, la alta, ocupada desde la Edad Media y coronada por la Universidad, y la baja, donde se

*Foto superior: Parque de Coimbra.
Centro e inferior: Conímbriga.*

desarrolla buena parte de la vida comercial y que se prolonga hasta la otra orilla del río.

El visitante puede iniciar su recorrido en la Universidad, considerada como una de las más antiguas de Europa y accesible por una larga escalinata a la que se llega desde la hermosa plaza de la República. Al final de la escalera, una

Coimbra.

avenida cruza el recinto universitario hasta alcanzar la plaza de la Porta Férrea, donde se encuentra el edificio de la primitiva institución académica, que ocupa tres alas en torno a un gran patio. En él se puede visitar la biblioteca Joanina, barroca, la capilla de S. Miguel, manuelina y con una valiosa colección artística y la Sala dos Capelos, escenario de los principales acontecimientos académicos. En el exterior del conjunto destaca la torre barroca, llamada popularmente *la cabra* y la Vía Latina, una columnata neoclásica en la que resuena el paso rápido de profesores y estudiantes.

Junto al recinto universitario, aneja a la Facultad de Ciencias, se eleva la catedral nueva, edificada por los jesuitas entre los siglos XVI y XVII. En su interior guarda bellos retablos, órganos neoclásicos y algunas obras procedentes de la catedral primitiva. Muy cerca del templo catedralicio, bajando unas escaleras desde el largo de la Sé Nova, está el museo Machado de Castro, habilitado en el antiguo palacio episcopal del siglo XII, con un elegante patio interior y una galería renacentista que se asoma a los tejados de la ciudad vieja. Su valiosísima colección de arte incluye la famosa estatua ecuestre del caballero medieval, una Virgen encinta y una buena colección de esculturas de los siglos XII al XVIII. Techos, cerámicas portuguesas, alfombras, mobiliario y orfebrería, se distribuyen en las dependencias de este edificio, cuyo sótano está ocupado por un intrincado laberinto de galerías romanas que remiten a los orígenes de la ciudad.

Desde el museo, bajando hacia el casco antiguo, el visitante llega enseguida a la catedral vieja, construida a lo largo del siglo XII y que ofrece cierto aire de fortaleza. Está considerada como una de las mejores muestras del románico en Portugal y cuenta con un rico patrimonio en el que destaca el retablo gótico flamígero, las columnas con capiteles románicos, varias capillas con sepulcros y un claustro gótico de finales del siglo XIII.

El entorno de la catedral es un curioso entramado de callejones, en acusado desnivel, donde todavía se conserva algún palacete y el arco de la Almedina que formaba parte de la antigua muralla. A partir de esta puerta, la calle Ferreira Borges nos acerca al monasterio de Sta. Cruz, con su magnífica portada renacentista y un interior que requiere una visita muy relajada.

Ya en las afueras de la ciudad también vale la pena acercarse al monasterio de Celas, con una encantadora colección de capiteles historiados, al convento gótico de Sta. Clara-a-Velha, a la Quinta das Lágrimas, vinculada a la apasionada historia de Inés de Castro y con un romántico jardín, y al entrañable Portugal dos Pequeninos, donde se reproducen a escala reducida, algunos monumentos y ejemplos de arquitectura tradicional del país.

Desde Coimbra, siguiendo el curso del Mondego, se llega a Penacova, pueblo que dispone de un soberbio mirador sobre el río. En su entorno se alza el monasterio de Lorvão, imponente construcción del siglo IX, con un claustro del siglo XVI.

Cerca de Penacova, hacia el norte, la sierra de Buçaco encierra uno de los bosques más bellos del país, con parajes ajardinados como la Fuente Fría o el valle de los helechos, en el

Bosque y palacio de Buçaco.

que crecen ejemplares gigantescos de esta planta. El centro del bosque, ya habitado por ermitaños en el siglo VI, lo ocupa un indescriptible hotel, decimonónico y de aire manuelino, de gran belleza, y una serie de capillas, estaciones de Via Crucis y pequeñas ermitas que ofrecen la posibilidad de realizar paseos muy agradables.

Montemor-o-Velho y Figueira da Foz

Yendo en dirección a la costa, a partir de Condeixa, otra de las villas nacidas junto al Mondego es Montemor-o-Velho, que conserva una imponente fortaleza del siglo XI, habitada en sus orígenes por los templarios. Cuenta con un buen recinto amurallado protegido por torres cuadradas y redondas, sobre cuyo perfil sobresale la iglesia gótica de Sta. María de Alcáçova. La población, de calles estrechas y empinadas, conserva el Hospital Viejo, del siglo XVI, con fachada renacentista, y el convento de Nossa Sra. dos Anjos, manuelino, con algunos sepulcros como el del navegante Diogo de Azambuja, que acreditan la relevancia de esta localidad en la época de los descubrimientos.

A escasos kilómetros, junto a la desembocadura del Mondego, la ciudad de Figueira da Foz muestra su inequívoca vocación veraniega, conocida desde el siglo XVIII por las clases adineradas que disfrutaban de su extensa playa. Algunos palacios de estilo afrancesado, un buen museo municipal y un fuerte de planta triangular destinado a la vigilancia del puerto, constituyen los principales atractivos monumentales de esta villa, que cuenta en sus proximidades con la bonita aldea costera de Buarcos.

Otras excursiones de interés

Hacia el sur, Pombal conserva un bello castillo templario sobre un cerro en el centro de la población, así como una interesante iglesia parroquial y un templo, el de Nossa Sra. do Cardal, donde se encuentra el sepulcro del marqués de Pombal, el famoso reformador, muerto en esta ciudad en 1782. Hacia el este, Miranda do Corvo muestra también su castillo, al igual que Lousã, que reúne además un buen conjunto de casas medievales de piedra y pizarra.

POUSADA DE MURTOSA
«RIA»

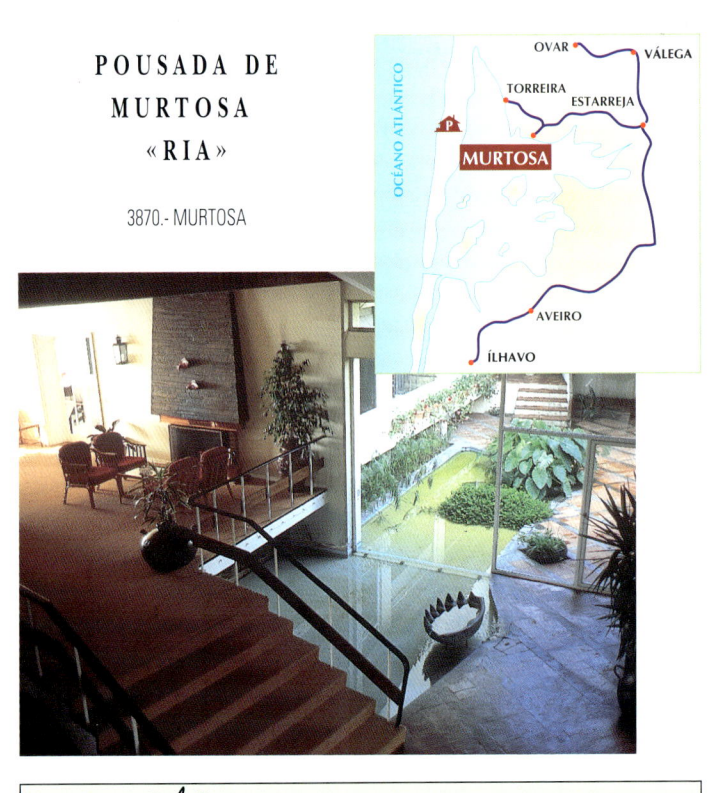

3870.- MURTOSA

Conviene Saber

☎ (034) 48 332/3/4
Fax: (034) 48 332
Localización: En la carretera que conduce de Muranzel a las dunas de S. Jacinto
Precio: Habitación 9.840-15.580 Pta

Cocina: calderada de anguilas, lechón a la Bairrada
Postres: dulces de huevos de Aviero
Habitaciones: 18 dobles y 1 suite, algunas con terraza.

Categoría: C

Instalaciones

La Pousada da Ria

La pousada da Ria, construida en 1960 y ampliada en 1985, es un edificio de dos plantas que se levanta, aislado, al borde mismo de la ría de Aveiro, sobre la estrecha franja arenosa que la separa del mar. La pousada, con un vestíbulo adornado por un estanque y numerosos elementos decorativos que evocan la vieja tradición pesquera de la zona, cuenta con un gran comedor acristalado desde el que se contempla la quieta superficie del agua. Salones, terrazas y dormitorios hacen de ventana abierta sobre la ría, donde la jornada trascurre entre el ir y venir de las peculiares barcazas de pesca y, al caer la noche, el silencio permite escuchar el chapoteo de los peces.

Aveiro.

Las características de la ría, formada por un gran número de lagunas y canales que reciben las aguas del Vouga y tienen una estrecha salida al mar, hacen que sea un lugar rico en pesca, muy apto para los cultivos de marisma y con una gran densidad de algas. El aprovechamiento de los sargazos o *moliços*, empleados como abono en la agricultura local, ha dado origen al *moliceiro*, una barca de fondo plano y gran proa curvada, generalmente decorada con temas ingenuos y colores muy vivos, que ha pasado a ser el símbolo indiscutible de la comarca.

Aveiro

La capital de la región, que se asienta en un rincón de la ría, en la orilla opuesta de la pousada, es una ciudad vital y de aire mediterráneo, atravesada por algunos canales navegables en los que se entrecruzan las embarcaciones y los reflejos de las fachadas.

Citada ya en el siglo X como una importante zona de salinas, Aveiro mantuvo una continua actividad durante la Edad Media, cuando era un puerto pesquero al que llegaba el bacalao capturado por sus marineros en Terranova. A finales del siglo XVI, la laguna quedó cerrada tras una violenta tempestad y el puerto, encenagado, fue decayendo paulatinamente pese a los numerosos intentos de abrir el paso de Barra, que establecía el contacto entre el mar y la ría. Por fin a comienzos del siglo XIX se emplearon las piedras de sus murallas para construir un sistema de diques y la ciudad recuperó su actividad marítima, enriqueciendo su patrimonio artístico y pasando a tener una intensa vida cultural.

Cuando el visitante llega a Aveiro, seguramente queda sorprendido por ese ritmo cosmopolita que rodea el canal Central y la plaza Humberto Delgado, donde se alzan los caserones de los siglo XVIII y XIX y se concentra buena parte de la animación de la ciudad. A poca distancia, el Cais dos Mercanteis muestra una cara muy distinta, la del barrio de los pescadores, formado por calles estrechas en torno a la lonja. Este barrio queda separado de las salinas por el canal de S. Roque, en cuyos almacenes todavía se descarga la sal empleando cestas que llegan a pesar 70 kilogramos y que los descargadores portan sobre la cabeza.

Aveiro. Crucero con la catedral al fondo.

Aveiro. Fachada.

El recorrido monumental nos lleva a la iglesia de la Misericórdia, junto a la plaza Humberto Delgado, con su fachada del siglo XVII y una decoración de paneles de azulejos. Algo más retirada, en una plaza presidida por el precioso crucero gótico-manuelino, se puede ver la catedral, construida sobre una iglesia del siglo XVI a la que se añadieron dos torres barrocas. El interior cuenta con paneles de azulejos, un órgano del siglo XVII y un Santo Entierro renacentista en el que, curiosamente, están representados todos los personajes excepto el de Jesucristo.

Frente a la catedral se alza el convento de Jesús, un edificio de buena planta construido entre los siglos XV y XVII y elegido como lugar de retiro por la princesa Joana, que llegaría a ser santa. El conjunto, recubierto con una fachada barroca, ha sido transformado en el Museo de Aveiro y alberga una de las mejores colecciones de arte sacro del país. En ella destaca el valioso retrato de Sta. Joana, sobre madera, pinturas italianas, cerámicas, una colección de atriles, esculturas de la escuela de Coimbra y una buena muestra del arte barroco portugués, con piezas como una Sagrada Familia de barro, realizada en los talleres de Machado de Castro. La visita del museo comprende también la iglesia, cubierta por una abigarrada ornamentación del siglo XVIII, con tallas doradas y azulejos. La joya de este templo es el sepulcro de Sta. Joana, construido en el siglo XVIII en marquetería de mármol policromado.

No lejos de la catedral, en el parque del Infante D. Pedro, otro museo de características muy distintas es el de Caza y Pesca, habilitado en un elegante caserón junto a un estanque, donde se expone una buena colección de fauna de la ría y de las serranías de Aveiro. Por último, en el paseo por la ciudad no debe faltar una breve escapada a su estación de ferrocarril, con las fachadas y andenes ornamentados con paneles de azulejos que recogen escenas populares de la región.

Los pueblos de la ría

En el entorno de la ría de Aveiro, el aprovechamiento de sus riquezas ha

MURTOSA

dado lugar a una serie de poblaciones que merecen la atención del viajero. A partir de la pousada, la carretera que bordea la ría conduce hasta Torreira, localidad turística con agradables playas de arena fina. Su puerto, pequeño pero muy vivo, es el escenario de una bonita romería que se celebra en septiembre en honor de S. Paio y en la que tiene lugar una vistosa regata de *moliceiros*, especialmente engalanados para la ocasión.

Siguiendo hacia el norte y dejando a un lado el puente que cruza a la otra orilla, podremos ver algunas de las bellas embarcaciones atracadas en pequeños muelles, un poco relegadas por el auge de las lanchas a motor. En seguida llegamos a Ovar, localidad que sorprende por la profusión de fachadas cubiertas de azulejos.

La fundación de Ovar data de la Edad Media, época de la que ya existen documentos que la vinculan a las tareas marítimas. De su conjunto monumental destaca la iglesia parroquial, del siglo XVII, levantada sobre otra anterior y con una imponente fachada. A 2 kilómetros de la población, la aldea de Válega muestra su espectacular iglesia, cubierta integramente de azulejos en el exterior, que da una nota de colorido al cementerio, extendido a sus pies.

Retornando hacia la ría, la carretera pasa por Estarreja, pueblo situado a orillas del río Antuã, con un buen conjunto de casas blancas y varias casonas solariegas. En esta villa se puede ver la Casa Museo de Egas Moniz, premio Nóbel de Medicina en 1949, con las colecciones de cerámica, mobiliario y pintura del ilustre científico.

Desde Estarreja, una estrecha carretera entre campos de cultivo conduce a Murtosa, pueblo que cuenta con un Museo Etnográfico donde el viajero tendrá ocasión de conocer las labores tradicionales de la zona, así como curiosos ejemplos de embarcaciones, viviendas rurales y mobiliario. Cerca de la villa, los recoletos puertos de Bico y Bestida sirven también de refugio a numerosos *moliceiros*.

Continuando en dirección a Aveiro, habrá que bordear la ciudad y hacer una escapada a Ílhavo, en cuya capilla, declarada monumento nacional, se conservan valiosas tallas de mármol. En Vista Alegre, una quinta de comienzos del siglo XIX alberga la famosa fábrica de porcelana, con un museo dedicado a su evolución durante los dos últimos siglos. A partir de Ílhavo podemos cruzar hasta la playa de Barra, en cuyo extremo norte, junto al canal que comunica la ría con el mar, se alza el monumental faro. Siguiendo la línea de la playa hacia el sur, llegamos al encantador conjunto de Costa Nova, con sus peculiares casas de franjas coloreadas, que dan una nota alegre y luminosa a este rincón del Aveiro.

Otras excursiones de interés

Muy cerca de la pousada, en el extremo sur de la franja de tierra que hace de barrera con el océano, la reserva natural de las dunas de S. Jacinto permite conocer este ecosistema, rodeado de pinar, con algunas charcas de agua dulce en las que se puede observar el vuelo de la garza, el martín pescador o el ánade real, entre otras muchas aves.

Ovar. Iglesia da Válega.

POUSADA DE OLIVEIRA DE HOSPITAL
«SANTA BÁRBARA»

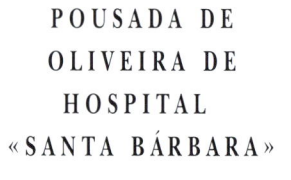

Póvoa das Quartas
3400.- Oliveira de Hospital

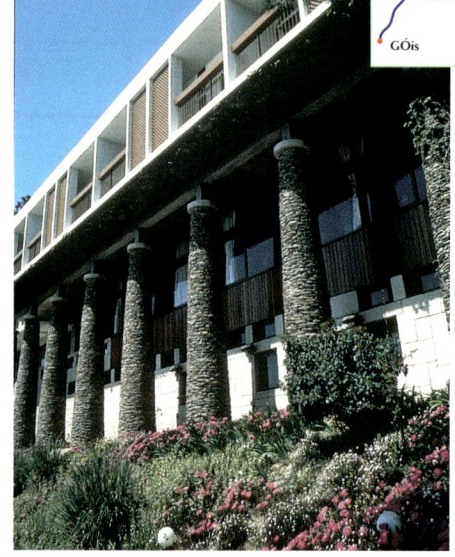

Conviene Saber

☎ (038) 59 551
59 553 - 59 652
Fax: (038) 59 645
Localización: En la E-3 (Coimbra-Guarda) a 4 kms. de Oliveira
Precio: Habitación 9.840-15.580 Pta

Cocina: morcilla frita con grelos, ensopado de cabrito y trucha a la serrana
Postres: arroz dulce al modo de Oliveira
Habitaciones: 16 dobles, algunas con terraza.

Categoría C

Instalaciones

La Pousada de Santa Bárbara

La pousada de Sta. Bárbara, inaugurada en 1971 y emplazada en la localidad de Póvoa das Quartas, a 4 kilómetros de Oliveira de Hospital, es una edificación diseñada a modo de mirador que se asoma a la cercana sierra de Estrela y al valle del río Alva. El interior destaca por el uso equilibrado de la madera y el granito, así como por el comedor y los dormitorios, que se abren a unas terrazas sustentadas por grandes columnas de piedra. A los pies de esta fachada está la piscina, que ocupa una plataforma con preciosas vistas de la sierra.

OLIVEIRA DE HOSPITAL

La cercanía de Oliveira de Hospital invita a conocer esta pequeña villa, que perteneció durante el siglo XIII a los frailes de la Orden del Hospital de S. Juan de Jerusalem. Su iglesia, incialmente románica, se reconstruyó en tiempos del barroco, época de la que data la fachada y la torre en espiral. El interior, que alberga algunos sepulcros de piedra del siglo XIII, la bella estatua de un caballero medieval y un retablo del siglo XIV, cuenta además con un curioso techo pintado imitando perspectivas.

De Oliveira do Conde a la sierra do Açor

A partir de Oliveira de Hospital, una sinuosa carretera nos acerca a Ervedal da Beira, desde donde vale la pena hacer una escapada a Oliveira do Conde, villa medieval cuya iglesia, aunque muy alterada, conserva la capilla mayor gótica y una estatua yacente del siglo XIV. Dentro de su patrimonio monumental, hay que destacar también la picota manuelina y la hermosa casa solariega de los Albergaria, una característica mansión de la Beira Alta.

Lourosa. Iglesia prerrománica.

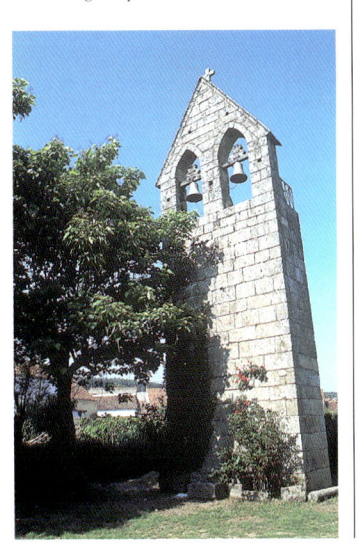

De nuevo en ruta habrá que dirigirse a Tábua, pasando por Midões, localidad de origen remoto, con una iglesia de elegante fachada rehecha durante el siglo pasado. Algunos palacios, como el de Esporão y el de Midões, así como la picota del siglo XVI acreditan el pasado esplendor de la villa.

Apenas 10 kilómetros nos separan de Tábua, donde se puede ver una bella iglesia parroquial del siglo

Lourosa. Detalle de una tumba prerrománica.

XVIII, una curiosa capilla octogonal, del mismo siglo, dedicada al Senhor dos Milagres y un notable conjunto de caserones barrocos.

Desde Tábua, el viajero que disponga de tiempo se puede acercar a Sta. Comba Dão, en cuyo término se juntan las aguas del Dão y del Mondego. La ciudad, de origen visigótico, cuenta con una iglesia del siglo XVIII levantada sobre otra muy anterior y conserva algunas buenas casonas, visibles en la calle peatonal, entre las que destaca el solar Hortae Costa, con una bonita galería de arcos.

Sierra de Estrela.

A partir de esta población, siguiendo hacia el sur llegamos a Arganil, en el valle del río Alva, cuyo curso forma paisajes encantadores en esta zona. El pueblo es de fundación romana y alcanzó una notable importancia durante la Edad Media, cuando era propiedad de la catedral de Coimbra. La iglesia data precisamente de aquella época, aunque está muy modificada y su techumbre ha sido recubierta de pinturas. Cerca de Arganil, la rústica capilla de S. Pedro, del siglo XIII, también merece la atención del viajero. Más al sur, en la población de Góis destaca el conjunto manuelino formado la capilla hexagonal de S. Sebastião y el puente sobre el río Ceira.

Retornando hacia Oliveira de Hospital, una parada absolutamente recomendable es la villa de Lourosa, habitada antiguamente por romanos, visigodos y árabes, y poblada por una comunidad mozárabe tras la conquista cristiana. La iglesia, dedicada a S. Pedro, es uno de los pocos templos prerrománicos existentes en Portugal y fue levantada en el año 912 utilizando materiales procedentes de edificios muy anteriores. El resultado es un templo de aspecto macizo, iluminado por pequeñas ventanas y cuyo interior está formado por tres naves, con arcos de herradura apoyados en columnas romanas. Las mínimas capillas, el confesionario excavado en la roca -al igual que la pila bautismal- y las numerosas tumbas antropomórficas que se pueden ver en el exterior, convierten este templo en uno de los edificios más enigmáticos de la región.

A partir de Lourosa, aquellos que aprecien los buenos paisajes serranos y las aldeas perdidas deben hacer una incursión en la sierra de Açor, salpicada de numerosas aldeas de pizarra entre las que destaca la encantadora Piódão.

Por la sierra de Estrela

La Pousada de Oliveira comparte con la de Manteigas (ver capítulo correspondiente) uno de los espacios naturales más espectaculares del país: el parque natural de la sierra de Estrela. El recorrido de la zona sur del parque se puede iniciar en Seia, donde existe un centro de información sobre este espacio protegido. La villa, llamada Civitas Serra por los romanos, fue enclave fronterizo con el reino árabe y conserva algunos edificios de interés, como la iglesia parroquial y la capilla de S. Pedro, con trazas románicas, y varias casonas diseminadas por el casco urbano.

A partir de Seia, una carretera inicia el ascenso hacia Sabugueiro, la aldea más alta de Portugal, donde se pueden ver numerosas casas de granito y algunas tiendas que ponen a la venta productos de la región, desde pieles de zorro hasta el delicioso queso da Serra. Siguiendo la ruta hacia el interior del parque, tras rebasar el embalse de Lagoa Comprida, el paisaje se va volviendo más pedregoso, salpicado con pequeños lagos, hasta que alcanzamos la mole del Torre, que se eleva a más de 1.990 metros. Una corta carretera conduce hasta la cima de este monte, desde el que se tienen magníficas vistas de la sierra y de los valles del Zêzere y el Mondego.

De nuevo en la carretera, pasaremos por uno de los parajes más impresionantes, el glaciar del Zêzere, oculto por las paredes casi verticales de un cono de granito de 300 metros de altura que se conoce con el significativo nombre de Cântaro Magro. Poco más adelante, aparece un conjunto de bloques monumentales de roca pelada, entre los que se puede ver, a la izquierda, la estatua de Nossa Sra. de Estrela, tallada directamente en la piedra y con una escalera que sube al pie de la imagen.

Pasada esta zona, la carretera comienza su descenso dejando a un lado el valle del Zêzere, que conduce hacia Manteigas. A partir de aquí, el trayecto se dulcifica con la aparición de una cubierta de arbustos que, en plena floración, ofrecen un precioso colorido. La retama, el romero, el piorno y numerosas variedades de plantas aromáticas, sirven aquí de refugio a tejones, jabalíes y una pequeña población de lobos en los roquedales menos accesibles.

Tras pasar junto a la estación invernal de Penhas da Saúde, la carretera sigue su descenso hasta alcanzar Covilha, ciudad que produce la mayor parte de la lana del país y cuenta con algunos edificios interesantes, como la iglesia de Sta. Maria, del siglo XV, con una bella colección de azulejos. Por su situación en el mismo borde de la sierra de Estrela, Covilha es un tradicional punto de partida para realizar muchos otros recorridos por este espacio natural.

Otras excursiones de interés

Muy cerca de Oliveira de Hospital, la aldea de Bobadela aún refleja su importancia durante la ocupación romana, visible en los restos de algunas columnas, lápidas y un arco de piedra que pudo ser la entrada al foro. Muy cerca del río Alva, en un paisaje muy arbolado, S. Gião muestra algunas curiosas casas y un valioso templo del siglo XVIII que por su dimensión, insólita en esta pequeña localidad, ha merecido el sobrenombre de *catedral das Beiras*.

Bobadela. Picota.

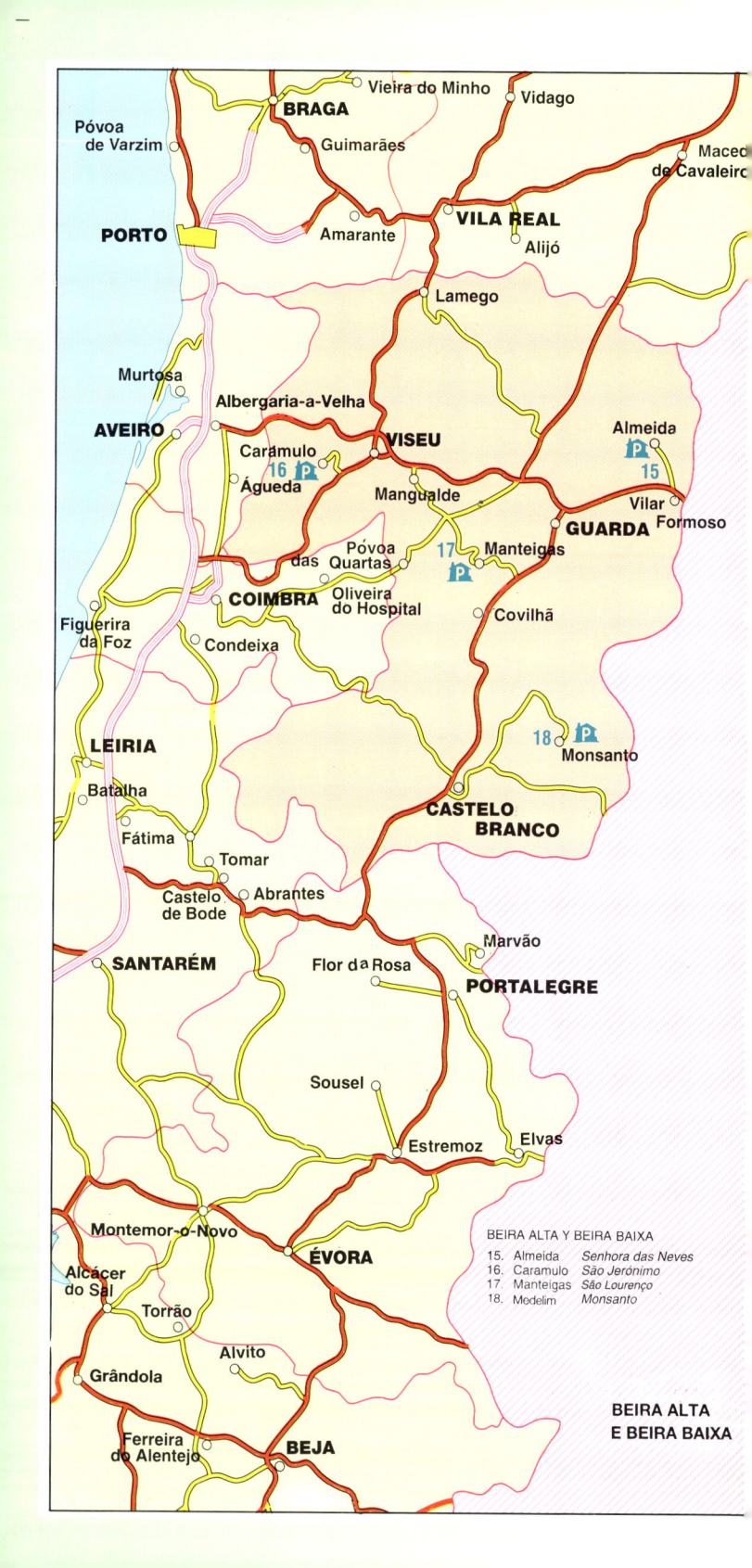

BEIRA ALTA Y BEIRA BAIXA

15. Almeida — *Senhora das Neves*
16. Caramulo — *São Jerónimo*
17. Manteigas — *São Lourenço*
18. Medelim — *Monsanto*

BEIRA ALTA E BEIRA BAIXA

BEIRA ALTA Y BEIRA BAJA

Las dos provincias de la Beira interior conforman el territorio más montañoso de Portugal, una cadena de pequeñas sierras que enlazan con el sistema central español y que alcanzan sus mayores alturas en las cumbres rocosas del macizo de Estrela. Esta sierra, de una belleza agreste, ha sido justamente declarada parque natural y atesora un paisaje de valles glaciares, lagos de agua helada y espectaculares formaciones graníticas, que a veces parecen haber sido talladas por el hombre y en ocasiones sirven de techo improvisado para viviendas de montaña, como en la singularísima aldea de Penhas Douradas. Hacia la zona occidental de la Beira Alta, otra de las formaciones montañosas que han sido objeto de protección es la sierra de Caramulo, cubierta de una abundante vegetación boscosa que crece amparada por la cercanía del Atlántico.

En el entorno de estas sierras, el carácter accidentado del terreno ha dado pie a cultivos en terrazas y pequeñas huertas que aprovechan los cursos de algunos ríos, como el Côa, el Duero, el Mondego o el Zêzere, que bañan la región. De todos ellos, el Duero -frontera natural con las provincias del norte- es el que aporta una de las mayores riquezas agrícolas a la región, concentrando además un abundante patrimonio monumental de viejos monasterios en los concejos ribereños de Cinfães, Resende y Lamego.

También el asentamiento de las poblaciones ha sacado partido del terreno, ocupando el fondo de los valles y utilizando la piedra como materia prima en la edificación, en la que predominan las casas de granito con grandes ventanas y una galería que, a menudo, acaba siendo transformada en habitación.

Por su carácter de región fronteriza, son muy abundantes las fortalezas, entre las que ocupa un lugar destacado la de Almeida, cuyo recinto amurallado rodea la totalidad del núcleo antiguo. Junto a ella destacan las ciudades de Viseu y Castelo Branco, así como los encantadores núcleos de Monsanto, Idanha-a-Velha o Castelo Rodrigo, que reúnen buenos conjuntos de arquitectura popular.

Gastronomía: Predominan los guisos sustanciosos a base de legumbres mezcladas con carne y con verduras, así como algunos platos de setas y preparados con migas, muy característicos de las zonas de pastoreo. Entre los postres, son famosos los dulces de castañas, los higos escarchados y los dulces de huevo de Viseu. La joya indudable de la gastronomía regional es el queso de la sierra de Estrela, elaborado con leche de oveja y un cuajo vegetal procedente de la flor del cardo, siguiendo una receta celosamente guardada. La región de Lamego, además de producir un excelente jamón ahumado, tiene también fama por sus vinos espumosos que, junto con los del Dão, completa la oferta de caldos de las Beiras.

Artesanía: La producción artesanal está muy ligada a las tareas del campo con objetos derivados del corcho, cestería de diferentes materiales, como las llamadas *escrinhas* utilizadas para fermentar el pan y los vasos y jarras para el vino impermeabilizados con brea. También destaca la artesanía textil, como las mantas de lana y algodón, las telas bordadas de Castelo Branco y las colchas de seda de Urros.

Fiestas: En Viseu son famosas las fiestas de S. Mateus, que se celebran entre agosto y septiembre en el Campo da Feira. También en esta localidad, el día de S. Juan tiene lugar la caballada de Vil de Moinhos, con una comitiva que incluye mayordomos, caballeros y otros personajes ricamente ataviados. En la sierra de Estrela, el segundo domingo de agosto se celebra la romería de Nossa Senhora da Boa Estrela, en la estatua de roca dedicada a esta Virgen. En Monsanto, a primeros de mayo, se recuerda una vieja leyenda durante la llamada fiesta del castillo, protagonizada por unas muchachas que arrojan flores desde la fortaleza. En Castelo Branco son numerosos los ritos que acompañan las fiestas de la Navidad, el Año Nuevo y el Carnaval.

POUSADA DE ALMEIDA «SENHORA DAS NEVES»

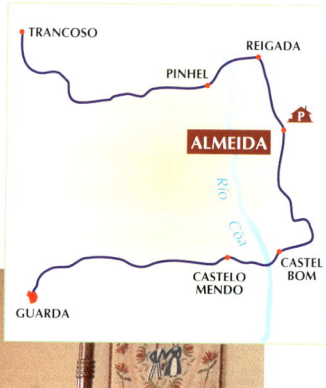

6350.- ALMEIDA

Conviene Saber

☎ (071) 54 283
54 290
Fax: (071) 54 320
Localización: Dentro de la ciudad fortificada de Almeida
Precio: Habitación 9.840-15.580 Pta

Cocina: sopa de pescado del río Côa, bacalao asado y lomo de cerdo de Jarmelo
Postres: migas dulces de Avó
Habitaciones: 21 dobles, alguna con balcón

Categoría
B

Instalaciones

La Pousada da Senhora das Neves

La pousada de Sra. das Neves es una construcción de nueva planta, levantada en 1987 en el interior de la villa amurallada de Almeida, en el lugar ocupado antiguamente por un cuartel de caballería. La fachada adornada con celosías de madera y los interiores amplios, en exceso funcionales aunque decorados con algunos muebles de estilo y con tapices y pinturas de artistas portugueses, son algunos de los elementos más característicos de esta pousada, que ofrece buenas vistas de la fortaleza y del tranquilo caserío de Almeida.

ALMEIDA

Almeida. Plaza fuerte.

Almeida

La plaza fuerte, situada a 17 kilómetros de la frontera de Vilar Formoso, fue concluida durante el siglo XVIII siguiendo la técnica de Vauban y dotándola de una doble muralla en forma de estrella de seis puntas, que se conserva íntegramente. La depurada técnica de esta obra de ingeniería militar y su aspecto inexpugnable hacían pensar que no podría ser conquistada. Sin embargo, siempre que fue atacada cayó en manos del enemigo: en 1762 fue tomada por las tropas españolas y en 1810 por las francesas. Tal vez por ello, hoy Almeida ha perdido su feroz aspecto y ha pasado a ser un entrañable pueblo, de ambiente muy tranquilo y cuya excelente conservación le ha llevado a ser declarado patrimonio nacional.

La visita al recinto, que conserva dos de sus antiguas puertas, la de S. Francisco y la de S. Antonio, llevará al viajero a la *casamata*, un curioso conjunto de 20 habitaciones practicadas en la misma muralla y destinadas a que soldados y lugareños pudieran esconderse en caso de ataque. Ya en el pueblo, merece la pena pasear tranquilamente por los callejones empedrados, deteniéndose ante el antiguo cuartel de infantería, del siglo XVIII, el palacio de Vedoria y la pequeña casa de Roda dos Expostos, destinada a acoger niños abandonados. En la parte alta de la villa están las ruinas del castillo, destruido durante las invasiones napoleónicas, y a un costado de la puerta de S. Francisco, para quienes deseen ahondar en la historia de este lugar, hay una pequeña exposición de armas, piezas de artillería y mapas de la fortaleza.

Los castillos fronterizos

Almeida forma parte de una barrera defensiva, paralela a la frontera, en la que también merecen ser visitados otros pueblos. Hacia el sur, muy cerca de la autovía IP-5, se alza Castelo Bom, con algunas casas del siglo XVI y una fortaleza medieval -de tiempos del rey D. Dinis- que preside el caserío apiñado sobre una colina y ofrece espléndidas vistas del entorno.

No muy lejos, al otro lado de la misma autovía, Castelo Mendo aparece a los ojos del viajero como un rincón olvidado y recóndito. El pueblo, que trepa sobre un pequeño cerro, tiene su acceso por una puerta flanqueada por dos torreones y sendas tallas de berracos prehistóricos. A partir de este arco, la calle principal salva la pendiente que la separa de la plaza, pasando junto a una serie de casas de granito, de los siglos XV y XVI, con porches sustentados por columnas, escaleras exteriores y ventanas manuelinas. La plaza, presidida por la picota del siglo XVI, la iglesia parroquial, con un bonito techo hispano-árabe de madera policromada, y los escasos restos del castillo merecen también la atención del visitante.

Al norte de Almeida, otro de los bonitos conjuntos monumentales de la zona es Castelo Rodrigo, encaramado en lo alto de un cerro. La subida al pueblo por una breve carretera va mostrando bonitas perspectivas de sus murallas, levantadas en tiempos de los romanos. La villa, que formó parte de una de las rutas jacobeas, cuenta con un pequeño templo del siglo XIII, intacto, fundado por los frailes hospitalarios y dedicado a la Virgen de Rocamador. En su interior, oscuro y sugerente, conserva un calvario de influencia española y algunas imágenes del siglo XIV.

En torno a la iglesia y en la parte baja del pueblo se pueden ver numerosas casas de granito, escudos blasonados y una gran cisterna con arcos góticos. Cerca también de la iglesia se yergue la esbelta picota, del siglo XVI, con un remate en forma de jaula con columnillas. La parte más alta de la villa está coronada por las ruinas del castillo medieval y del palacio de S. Cristovão de Moura, incendiados durante el siglo XVII, que contribuyen a la atmósfera de lugar deshabitado tan característica de Castelo Rodrigo.

Buena parte de la población de la villa se trasladó durante el siglo XIX a la cercana Figueira de Castelo Rodrigo, más accesible. El caserío, moderno y cuidado, conserva una iglesia del siglo XVIII y, a 2 kilómetros, los restos del convento de Sta. Maria de Aguiar, precioso conjunto gótico en el que aún sigue en pie el templo cisterciense y la sala capitular, medio cubierta por la maleza.

De regreso a Almeida, merece la pena hacer el trayecto que conduce a Pinhel bordeando la sierra de Marofa. La carretera, conocida popularmente como *la excomulgada* por su trazado sinuoso, cruza el valle del Côa a través de una bonita zona de cultivos.

Una vez en Pinhel, habrá que acercarse a la parte alta del pueblo, donde se levantan dos torres del antiguo castillo, una de ellas con una elegante ventana geminada. El patrimonio monumental de la villa incluye el templo románico de la Trinidade, la iglesia de S. Luis, del siglo XVII, que jugó el papel de catedral, y el palacio episcopal. En la agradable plaza que ocupa el centro histórico se alza una preciosa picota manuelina y en el mismo recinto se puede ver un pequeño museo municipal, con piezas arqueológicas, obras de arte sacro y objetos de artesanía popular.

De Trancoso a Penedono

Desde Almeida, pasando también por Pinhel, otra de las rutas interesantes es la que lleva a Trancoso, localidad de origen remoto que fue muy disputada durante la Edad Media y acabó siendo protegida por un recinto amurallado, del que se conservan puertas y torreones. Su rico patrimonio monumental merece un detenido paseo que nos llevará al castillo y a la iglesia de Nossa Sra. de Fresta, levantada durante el siglo XIII y con restos de pinturas al fresco del XVI. Otro templo de esta época es el de Sta. Luzia, que conserva la antigua entrada del convento de las clarisas y un raro ábside triangular.

Castelo Rodrigo. Campanario.

Pinhel. Paisaje.

Castelo Rodrigo.

La capilla de S. Bartolomeu, donde tuvieron lugar las nupcias entre el rey D. Dinis e Isabel de Aragón, la futura reina santa, y la iglesia de S. Pedro, en la que se puede ver la tumba del zapatero Bandarra, un popular poeta judío, forman parte de este recorrido en el que también habrá que acercarse a las calles de la antigua judería.

A partir de Trancoso, podemos seguir la ruta que lleva a Penedono que, ya en la lejanía, destaca por el perfil inconfundible de su castillo medieval, asentado sobre un saliente rocoso a 1.000 metros de altitud, dominando un paisaje agreste. La fortaleza, pequeña y de planta triangular, es un raro ejemplo de arquitectura militar, y fue transformada en solar durante el siglo XV. Antes de llegar a Penedono, una carretera que sale a la izquierda conduce a la villa de Sernancelhe, levantada sobre un antiguo castro y cuya iglesia, románica aunque muy alterada, conserva la portada con arquivoltas, la pila bautismal y capiteles de su primitiva época.

De regreso a Almeida pasaremos por Marialva, donde se ven los restos del castillo, con un amplio recinto amurallado que envuelve la torre del homenaje y las ruinas de viejas casas medievales.

Otras excursiones de interés

Dada la relativa proximidad de Guarda, se puede hacer una escapada a esta ciudad, una de las vías de acceso al parque natural de la sierra de Estrela (ver capítulo de Manteigas). Hacia el norte, podemos acercarnos también al espectacular recorrido del Duero, (descrito en el capítulo de Miranda do Douro), que va formando profundos cañones en el entorno de Barca d'Alva.

Castelo Mendo.

POUSADA DE CARAMULO «SÃO JERÓNIMO»

3475.- CARAMULO

Conviene Saber

☎ (032) 86 12 91
Fax: (032) 86 16 40
Localización: A 1 km. de Caramulo en la carretera de Aveiro a Tondela
Precio: Habitación 8.200-11.890 Pta

Cocina: sopa de Abóbora y ternera a modo de Lafões
Postre: tarta de chocolate
Habitaciones: 12 dobles, algunas con terraza

Categoría: B

Instalaciones

La Pousada de São Jerónimo

La pousada de S. Jerónimo, abierta en 1962 y reformada en 1995, es una pequeña edificación cercana a la carretera que une Águeda y Tondela, a 1 kilómetro de la villa serrana de Caramulo. El establecimiento, dotado de piscina y rodeado de un jardín arbolado, ofrece la ocasión de descubrir el entorno montañoso, un macizo de pizarra y granito cubierto de una densa vegetación de pinar, robles y castaños, que baja suavemente hacia la llanura de Aveiro, por un lado, y se vuelve escarpado en las márgenes del río Mondego.

CARAMULO

Sierra de Caramulo.

Una visita a Caramulo

La población de Caramulo, famosa estación termal y lugar de reposo de rancia tradición se eleva a 800 metros de altitud, rodeada de bosque y cubierta de jardines que contribuyen a su ambiente húmedo y refrescante. Entre sus principales atractivos cuenta con un museo repartido en dos secciones, una de ellas destinada a las artes plásticas, con tallas portuguesas del siglo XV, piezas decorativas, mobiliario y cuadros de Dalí, Picasso o Léger, entre otros autores, y otra con una excelente colección de coches antiguos, con algunos ejemplares de finales del siglo XIX.

En los alrededores, que deben ser recorridos con calma, el visitante descubrirá miradores como el de Pinoucas, con magníficas vistas de la zona rocosa de la sierra, y el pico Cabeço de Neve, próximo a la villa de Caramulo y con hermosas panorámicas del macizo de Estrela. También cerca de la localidad, la aldea de Caramulinho ocupa el punto más alto de la sierra -a 1.070 metros- y en los días claros abarca las lejanas cumbres de Estrela, Lousã y Buçaco.

De Oliveira de Frades a la sierra de S. Macário

Partiendo de la pousada hacia el norte, la carretera atraviesa un agradable paisaje salpicado de pequeñas aldeas con edificaciones de piedra, antes de cruzar la autovía IP-5 y acercarnos a la villa de Oliveira de Frades. La población, dispersa y de clara vocación agrícola, cuenta con una buena iglesia parroquial, junto a la que se alza la casa solariega de los Malafaias, con bonitas molduras en las ventanas. En su término, vale la pena acercarse a Antelas, pequeña aldea situada hacia el oeste, donde se puede ver un magnífico dolmen, declarado monumento nacional, con pinturas megalíticas de enorme valor.

Siguiendo el recorrido, es muy recomendable pasar por S. Cristovão de Lafões, donde se puede ver, sobre un recodo del río Lafões, un convento cisterciense fundado en el siglo XII y remodelado durante el XVIII. El conjunto monacal integrado por una iglesia, con un breve cementerio a la entrada y con

San Cristovão de Lafões.

su propio acueducto en el que se puede observar el escudo real, disfruta de un paraje de gran belleza en el que cabe imaginar, sin gran esfuerzo, la apacible vida de sus antiguos moradores.

De nuevo en camino bordearemos pequeños pueblos, como Sta. Cruz da Trapa, con un hermoso palacio lamentablemente arruinado y Freixo, donde se encuentra el monumento megalítico de Pedra Escrita. En este trayecto también conviene detenerse en Vouzela, que conserva un puente medieval sobre el río Zela y una singular iglesia románico-gótica, del siglo XIII, con un campanario exento.

Cerca, el núcleo estival de Termas de S. Pedro aparece rodeado de vegetación, con esa atmósfera de lugar de descanso propia de las estaciones termales. Sus balnearios datan de la época romana, en la que se construyó un *balneum* aprovechando un manantial del río Vouga, donde el agua brota a 69 grados. Los visigodos siguieron utilizando estas aguas, a las que se atribuye propiedades contra el reúma, y con el tiempo se construyó un Hospital Real, de gran envergadura, ampliado a finales del siglo XIX.

Todavía hoy, el ambiente de las Termas de S. Pedro, con sus corrillos de gente ociosa, sus pequeñas plazas en las que humean las fuentes y sus paseos al borde del río, trasmite una grata sensación de relajo. Entre su patrimonio destaca la piscina de D. Afonso Henriques, monumento nacional, donde este rey tomaba sus aguas durante el siglo XII.

A partir de las Termas llegamos a S. Pedro do Sul, agradable villa nacida en torno a una fundación conventual ya desaparecida. Su caserío gira alrededor de la iglesia y el convento de S. Francisco, ocupado hoy por las dependencias municipales. Otro lugar de interés es la plaza de la República, donde se alza la capilla de Sto. Antonio, con su fachada de azulejos, y el palacio del Marques de Reriz.

A partir de S. Pedro do Sul, una pequeña carretera nos lleva hacia el norte, hasta la recóndita sierra de S. Macário, pasando por algunas de las aldeas más escondidas de Portugal: Fujaco, Pena y S. Macário, cuyos caseríos de pizarra parecen aferrarse a las laderas de esta zona montañosa.

De Tondela a Viseu

También a partir de la pousada, en dirección al este, podemos descender a Tondela, que se asienta en una ancha vaguada entre las sierras de Estrela y Caramulo. La villa, amplia y elegante, cuenta con una iglesia parroquial del siglo XVIII, algunas casas blasonadas, como el solar de los Teles, y una bonita fuente de granito, del siglo XVII, coronada por un busto de mujer.

Siguiendo hacia el norte, alcanzamos la ciudad de Viseu, uno de los conjuntos monumentales más ricos de la región. Su origen data de un posible castro de agricultores, pero los primeros datos relevantes de su historia se refieren a la presencia visigótica, cuando la ciudad ya tenía cierta importancia. Más tarde, se estableció en ella una numerosa comunidad judía y hacia el siglo XVI alcanzó un notable auge artístico con el establecimiento de una escuela de pintores. El posterior crecimiento de la ciudad le llevó a rebasar las murallas, de las que aún se pueden

CARAMULO

Campia. Reserva de rododendros.

ver dos puertas, la de Os Cavaleiros y la de Soar de Cima.

El recorrido de la ciudad se puede iniciar en la amplia plaza del Rossio, cubierta por grandes tilos que dan sombra a las terrazas de los cafés. Junto a la plaza se levanta la iglesia de los Terceiros, del siglo XVIII, y en el extremo opuesto se pueden ver hermosos paneles de azulejos, de temática regionalista, que ponen una nueva nota de color en esta zona de la ciudad.

Desde la plaza, algunas animadas calles comerciales, como la rua de la Paz o la rua Formosa, conducen a la calle del Comércio, una de las más características de la zona histórica de Viseu. El centro de este barrio lo ocupa una gran plaza flanqueada por la catedral y por la iglesia de la Misericórdia. El templo catedralicio, de origen medieval pero muy modificado posteriormente, cuenta con un elegante claustro del siglo XVI, en el que destaca la puerta, de transición del románico al gótico, y los paneles de azulejos que recubren los muros. En el interior de la catedral, de tres naves, llama la atención la imagen de la patrona,

gótica, la sacristía, del siglo XVI, con un notable techo de grutescos y el tesoro, con piezas de Limoges y tallas de madera medievales.

A la izquierda de la fachada, abre sus puertas el museo Grão Vasco, que ocupa el llamado palacio dos Três Escalões y alberga una buena colección de obras de arte sacro y cuadros de la escuela de Viseu. Frente a la catedral, completando el conjunto, aparece la hermosa portada barroca del templo de la Misericórdia, del siglo XVII.

El entorno de la catedral está formado por un laberinto de pequeñas calles: Direita, Dos Andrades, Gonçalinho,..., algunas de ellas peatonales, donde se reparten viejas tiendas, cafés, casas blasonadas y bonitos portales.

Otras excursiones de interés

A pocos kilómetros de la villa de Caramulo, en la rústica aldea de Campia, una pista de tierra conduce a la reserva de *loendros* (rododendros), que reúne un gran número de estas plantas, cuya floración irrumpe durante el mes de mayo y convierte la zona en una explosión de colorido.

POUSADA DE MANTEIGAS
«SÃO LOURENÇO»

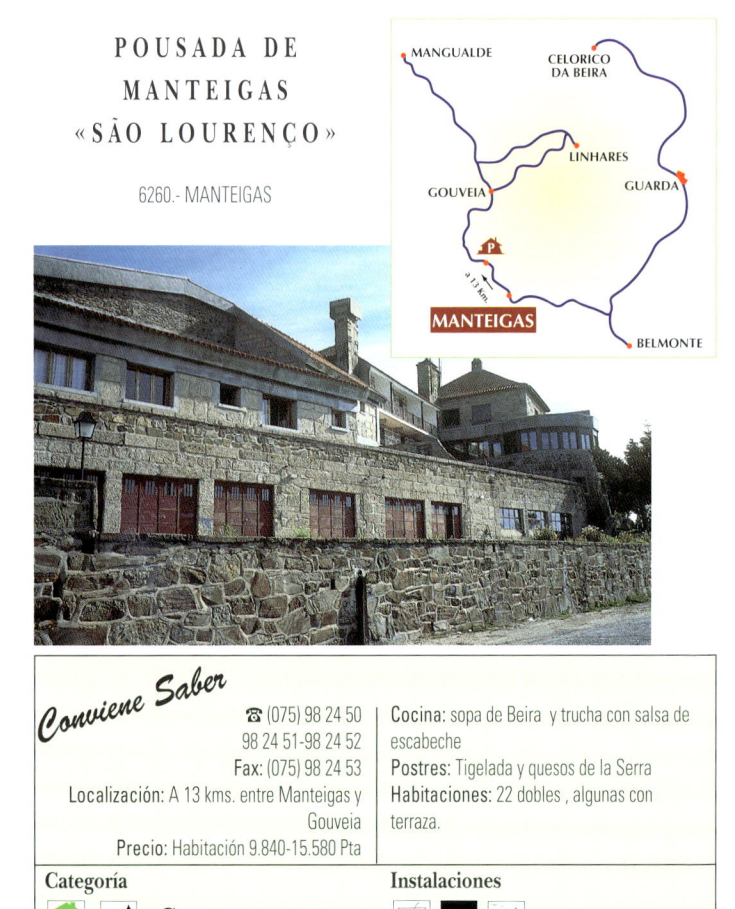

6260.- MANTEIGAS

Conviene Saber

☎ (075) 98 24 50
98 24 51-98 24 52
Fax: (075) 98 24 53
Localización: A 13 kms. entre Manteigas y Gouveia
Precio: Habitación 9.840-15.580 Pta

Cocina: sopa de Beira y trucha con salsa de escabeche
Postres: Tigelada y quesos de la Serra
Habitaciones: 22 dobles, algunas con terraza.

Categoría C

Instalaciones

La Pousada de São Lourenço

Encaramada en lo más alto de un pico de la sierra de Estrela, la pousada de S. Lourenço ocupa un lugar privilegiado en el centro de este paisaje de alta montaña, declarado parque natural y dotado de un relieve espectacular. El edificio, construido integramente en granito, está lleno de detalles rústicos relacionados con la comarca, esencialmente ganadera, y dispone de un amplio salón presidido por la chimenea, abierta por dos lados. El comedor, que disfruta de un amplio mirador acristalado, y las habitaciones, sencillas y acogedoras, dan al establecimiento un cálido ambiente de refugio invernal.

Desde la pousada, una tortuosa carretera desciende por el acusadísimo desnivel que la separa de la villa de Manteigas, situada en pleno corazón de la sierra y al pie del glaciar del Zêzere, un impresionante valle que comunica con la zona sur del parque natural. El recorrido de este valle, un estrecho canal de laderas abruptas por las que descienden cascadas de agua helada, concluye en el primitivo circo glaciar y permite ver algunas cabañas de pastor, de piedra y techo de paja, muy características de la región.

Pousada. Comedor.  *Cunha Baixa. Dolmen.*

De la sierra de Estrela al río Mondego

Desde la pousada, habrá que tomar la carretera que sube hacia Penhas Douradas, un sorprendente conjunto de edificaciones donde se alternan antiguos *chalets* con fachadas cubiertas de franjas de colores y algunas casas que aprovechan las oquedades entre las rocas. En la misma aldea, un mirador situado a más de 1.500 metros de altitud permite tener una completa panorámica de la sierra.

Continuando el recorrido, el viajero pasa junto al nacimiento del Mondego, el río más largo de Portugal, y comienza a rebasar una zona de altiplano sembrada de enormes rocas con las formas más insólitas. Junto a la carretera que conduce a Gouveia, a la derecha y la altura del poste 37, se puede ver una de las más populares, la *cabeça do Velho*, en la que la erosión ha tallado pacientemente el inconfundible busto de un anciano.

A partir de aquí, pocos kilómetros nos separan de Gouveia, localidad de remotos orígenes situada en la parte baja de la sierra, que ha alcanzado una notable importancia como centro de producción lanar. Pese a su modesto casco monumental, la villa conserva algunos edificios de interés, como la iglesia de Sta. Maria, del siglo XV, con su fachada recubierta de azulejos, una casa torre del siglo XVI y un museo etnográfico de la región.

Desde Gouveia, siguiendo por el interior del parque natural, merece la pena acercarse a Linhares, posiblemente una de las villas mejor preservadas de toda la comarca. El caserío, formado por construcciones de piedra a veces levantadas sobre grandes rocas, aparece protegido por el castillo, que conserva sus grandes murallas, las torres en cada esquina y las puertas de acceso.

La fundación de Linhares se remonta a los Túrdulos, que poblaron esta región en el siglo VI a. de C. Más tarde, con los romanos alcanzó también cierta relevancia y en la Edad Media se convirtió en una villa fortificada, que contaba además con su propia judería. Esta densa historia ha dejado numerosas huellas en el pueblo, que no ha perdido su aire de

Manteigas. Glaciar.

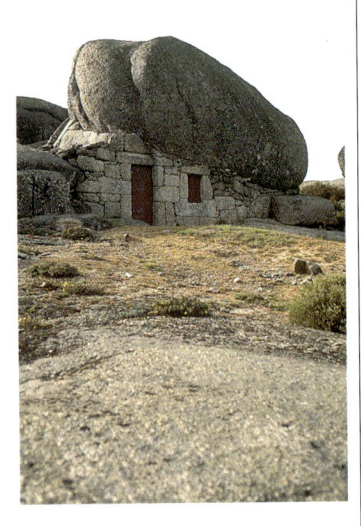

Penhas Douradas.

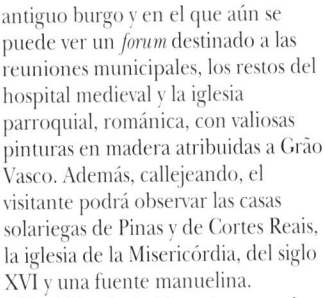

Guarda. Fachada de la catedral.

antiguo burgo y en el que aún se puede ver un *forum* destinado a las reuniones municipales, los restos del hospital medieval y la iglesia parroquial, románica, con valiosas pinturas en madera atribuidas a Grão Vasco. Además, callejeando, el visitante podrá observar las casas solariegas de Pinas y de Cortes Reais, la iglesia de la Misericórdia, del siglo XVI y una fuente manuelina.

También desde Gouveia se puede tomar la carretera que conduce a Mangualde. Esta localidad, que se encuentra en la zona bañada por los ríos Dão y Mondego, disfruta de un suave y frondoso paisaje con abundantes restos arqueológicos, entre los que merece una escapada el excepcional dolmen de Cunha Baixa, situado en un predio a pocos kilómetros de la población.

En la misma villa de Mangualde destaca la iglesia barroca de la Misericórdia, con una preciosa fachada, y el palacio de los Condes de Anadia, mansión del siglo XVIII. Hacia el norte de la localidad, Penalva do Castelo ofrece la ocasión de visitar otro bellísimo palacio de la misma época, la Casa da Insua, rodeado de un jardín en el que se pueden ver eucaliptus y secuoyas centenarios, fuentes con nenúfares, amapolas gigantes y raras variedades de plantas, algunas de las cuales se cultivaron aquí por primera vez en Portugal.

Guarda

Desde Manteigas, una bonita carretera que discurre junto al cauce bajo del Zêzere nos acerca a Belmonte, localidad de posible fundación romana emplazada sobre un cerro y que jugó un importante papel fronterizo, muy disputado, entre árabes y cristianos. La zona alta está ocupada por el castillo, de buena planta, levantado seguramente hacia el siglo XII y enriquecido con posteriores reformas. La fortaleza llama la atención por sus sólidas murallas, por la torre del homenaje y por la gran puerta, donde se puede ver el escudo de los Cabral, que trasformaron el castillo en residencia señorial durante el siglo XV.

En el entorno del castillo está la

iglesia románica de S. Tiago, donde se guarda una preciosa Pietá del siglo XIV, así como las capillas de S. António y del Calvário, en las que se pueden ver los escudos de algunas familias nobles de la ciudad. También muy cerca de la fortaleza se conserva la judería, un racimo de pequeñas edificaciones y callejas silenciosas en las que habitó una pujante población hebrea.

Desde Belmonte, otra de las ciudades históricas que bordean la sierra de Estrela es Guarda, elevada a 1.000 metros de altitud y considerada como la capital más alta del país. Su importancia data de la Edad Media, cuando sirvió de residencia a D. Dinis y este rey acometió la construcción de sus murallas. En 1492 se convirtió en otro refugio de numerosas familias judías expulsadas de España, que contribuyeron a su prosperidad económica, alterada a lo largo de la historia por los frecuentes ataques de las tropas españolas y francesas, que dejaron mermado su patrimonio monumental.

El recorrido de su casco histórico nos lleva hasta la catedral, levantada entre los siglos XIV y XVI y que conserva trazas de una antigua fortaleza almenada. En su fachada norte destaca la mezcla de estilos, gótico y manuelino, con influencias del monasterio de Batalha, y su interior es de una gran riqueza, con un importante retablo renacentista en el que están representados más de cien personajes sagrados, una sillería y un órgano del siglo XVIII y algunas bonitas capillas, como la de los Pinas, con un sepulcro gótico.

Frente a la catedral, separada de ésta por una escalinata, la plaza Luis de Camões hace el papel de centro de la zona vieja, con algunos soportales y casas blasonadas. En torno a ella se concentra el núcleo medieval, en el que se respira cierto aire de abandono. Las torres de los Ferreiros y del Homenaje, escasos paños de la muralla y la casa gótica de la calle de los Clérigos, completan el conjunto monumental, en el que también destaca el viejo palacio episcopal, convertido en museo, y la cercana iglesia de la Misericórdia, del siglo XVIII.

A partir de Guarda, una escapada aconsejable es la que nos acerca a Celorico da Beira, otra de las plazas fuertes del este de Portugal, con un castillo que conserva parte del amplio recinto y de los torreones cuadrados.

Otras excursiones de interés

La situación de la pousada permite acercarse a los parajes más representativos del parque natural, como el famoso monte Torre o la aldea de Sabugueiro (ambos citados en el capítulo de Oliveira do Hospital). Cerca de Manteigas, otro de esos rincones es el Poço do Inferno, un agreste desfiladero que culmina en una cascada rodeada de grandes roquedales.

Productos típicos de la Sierra de Estrela.

POUSADA DE MEDELIM «MONSANTO»

6085.- MEDELIM

Conviene Saber

☎ (077) 34 471
34 472-34 473
Fax: (077) 34 481
Localización: En una pequeña localidad entre Castelo Branco y la frontera española

Precio: Habitación 8.200-11.890 Pta
Cocina: sopa de labrador, truchas en escabeche y albóndigas de liebre
Postres: dulce de requesón
Habitaciones: 10 dobles, 2 con terraza.

Categoría C

Instalaciones

La Pousada de Monsanto

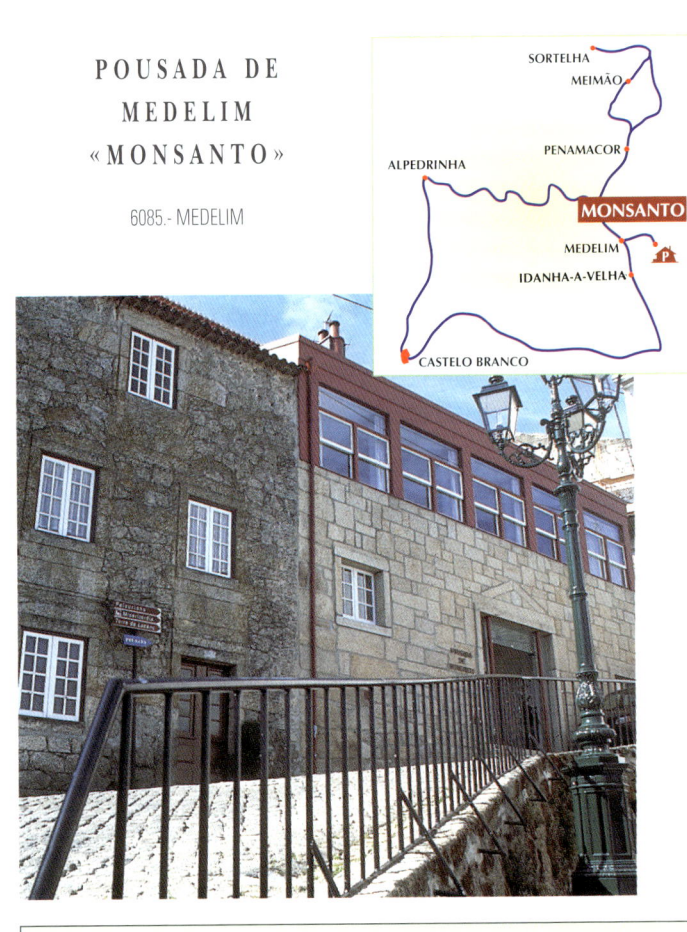

La pousada de Monsanto está habilitada en un viejo caserón, de fachada sencilla, que se adapta al acusado desnivel de esta encantadora aldea próxima a la frontera española. En el cómodo interior destaca el restaurante, pequeño y acogedor, desde el que se pueden ver algunas de las características construcciones graníticas del entorno.

Monsanto. Calle.

La villa de Monsanto, cosiderada como una de las más típicas de Portugal, data de una antiquísima población levantada sobre un monte al que los romanos llamaban *Mons Sanctus* y que, ya anteriormente, había servido a las tropas de Viriato como bastión defensivo frente al ejército de Roma. Durante la Edad Media, el lugar fue entregado a los templarios, cuyo gran maestre, Guadim Pais, acometió la construcción del castillo, destruido por una explosión durante el siglo XIX.

Todavía hoy la vieja tradición sagrada de Monsanto y la presencia de los enigmáticos templarios añaden un toque de misterio al recorrido de esta aldea, que conserva numerosas leyendas. El visitante debe tomarse con calma las continuas subidas y bajadas por el caserío, en el que sorprende la amalgama de rocas y casas, resuelta de forma atrevida y muy original. Las viviendas, que a menudo se sirven de las grandes moles de piedra como cimientos o como paredes, se suceden entre calles serpenteantes, muy empinadas. En la parte más alta del pueblo, se encuentran los restos del castillo y, antes de llegar, dos grandes piedras de granito, conocidas como los Penedos Juntos, que forman una especie de puerta natural.

Entre el patrimonio monumental de Monsanto, enriquecido por numerosas fachadas blasonadas, con ventanas geminadas y puertas manuelinas, destaca la iglesia románica de S. Miguel, del siglo XII, con una buena portada. En su exterior se pueden ver las tumbas de un hombre y una mujer que fueron gobernadores de la plaza y cerca se alza también el campanario, sobre una plataforma que permite disfrutar de bonitas vistas. Otros templos de interés son el del Salvador y el de Espírito Santo, del siglo XVIII, éste último levantado junto a la puerta de la antigua muralla.

De Idanha-a-Velha a Castelo Branco

A partir de Monsanto, una de las excursiones más sorprendentes que ofrece la pousada es la localidad de Idanha-a-Velha, accesible por una agradable carretera y emplazada a orillas del río Ponsul. Su fundación data del siglo I a. de C. cuando se levantó en este término la *Civitas Igaeditanorum* romana, que pasó a llamarse *Egitania* con los visigodos y *Exitania* con los árabes. Tras la

Idanha-a-Velha.  *Alpedrinha. Fuente.*

reconquista fue donada a los templarios, y en tiempos del rey D. Manuel se reconstruyó su catedral, edificada sobre una basilíca paleocristiana.

Esta densa historia, que ha dejado abundantes testimonios, convierte a Idanha-a-Velha en un auténtico museo arqueológico a cielo abierto, incluyendo un cementerio romano, murallas y calzadas de la misma época, un balneario árabe y la catedral medieval. Ésta exhibe una pequeña colección epigráfica y conserva arcos de herradura, restos de columnas romanas empleadas en los capiteles y sendas portadas del románico y del gótico. Para completar el denso recorrido, hay que detenerse también ante los restos del palacio episcopal y en un curioso lagar de aceite, con piezas bien preservadas.

Siguiendo nuestra ruta habrá que dedicar una parada a Idanha-a-Nova, que conserva las ruinas de un castillo, una iglesia con portada renacentista y algunas casas solariegas del siglo XVIII, antes de continuar hacia Castelo Branco. La capital de la Beira, perteneciente a la orden del Temple durante la Edad Media, alcanzó un notable desarrollo comercial en la época de los descubrimientos y llegó a ser sede episcopal hasta el siglo XIX, cuando perdió este privilegio.

Precisamente uno de los conjuntos más representativos de la ciudad es el palacio episcopal, levantado durante el siglo XVI y habilitado como museo regional, con colecciones de arqueología, tapices flamencos y algunas muestras de las famosas colchas bordadas de Castelo Branco. Cerca del palacio se pueden ver los jardines, creados en el siglo XVII y adornados con setos de boj, parterres, fuentes y una serie de estatuas, entre las que destacan algunas representaciones satíricas de los monarcas españoles que reinaron en Portugal.

De su época medieval, la villa muestra las ruinas del castillo templario y parte de sus murallas defensivas, así como la iglesia de S. Miguel, del siglo XIII, muy alterada por reformas posteriores. Entre los edificios religiosos también destacan la iglesia de la Misericórdia, del siglo XVI, con añadidos renacentistas y barrocos, y los conventos de Graça y Sto. António, de la misma época, que apenas conservan sus fachadas. En este recorrido monumental, el visitante puede reparar además en el edificio de los Paços do Concelho, con una bella balconada, y en la picota manuelina, rematada por una cruz.

De Alpedrinha a la sierra de Malcata

Una ruta muy diferente es la que lleva desde Monsanto hasta la población de Alpedrinha, rodeada de un paisaje donde abundan los cultivos de cerezos, cuyos frutos se venden en la misma carretera que conduce a la sierra de Estrela. Alpedrinha es una villa de apariencia modesta pero con un patrimonio interesante, que incluye una iglesia parroquial de origen románico, con altares renacentistas, así como algunas capillas y casas solariegas del siglo XVII, como la casa de la Camara y la casa de la Comenda.

En lo alto del pueblo se puede ver el palacio dieciochesco del Picadeiro, bastante abandonado, y junto a él la monumental fuente de D. João V, construida en 1714 con granito tallado y rematada por una gran corona real. En la cercana sierra de Gardunha, la pequeña población de Castelo Novo, conserva las ruinas de su castillo, algún buen caserón y el lagar en el que se pisaban las uvas para el vino.

Desde Alpedrinha, una intrincada red de carreteras nos acerca a Sortelha, pasando por las proximidades de Belmonte (ver capítulo de Manteigas). La villa de Sortelha guarda vestigios de la presencia romana y una iglesia del siglo XIV con techo de talla mudéjar. El casco antiguo está rodeado por un recinto amurallado y conserva también un castillo, erguido sobre un desfiladero.

Cerca de Sortelha, merece una escapada Sabugal, pueblo de origen prehistórico que perteneció al reino de León hasta 1296. Su castillo, construido en el siglo XIII y ampliado por D. Dinis, cuenta con una hermosa torre del homenaje pentagonal y con murallas que muestran, visiblemente, las saeteras en forma de cruz.

A partir de Sabugal, en dirección al sur, la carretera nos lleva hasta Meimão, junto a un embalse y a las puertas de la reserva natural de la sierra de Malcata, una breve serranía de montes pelados donde se pueden ver algunos *oasis* como la Quinta do Major.

Una vez atravesada la sierra, merece una breve parada la villa de Penamacor, integrada en la línea defensiva de la frontera desde la Edad Media. Su castillo, cuya torre constituye un magnífico mirador y su iglesia parroquial, con columnas adornadas con arabescos, son algunos de los atractivos de esta localidad.

Otras excursiones de interés

Cerca de la pousada, en un encantador paraje de bosque que cubre las laderas del Mons Sanctus, se puede ver la ermita de S. Pedro de Vila Corça, una bella construcción románica del siglo XII, bien restaurada, que conserva en su interior dos sepulturas antropomórficas. Bajo su campanario, separado del templo, hay una pequeña gruta donde, según la tradición, vivió un eremita que llegó a ser santo y sólo se alimentaba de hierbas silvestres.

Valle de los cerezos.

Capilla de San Pedro.

ESTREMADURA E RIBATEJO

EXTREMADURA Y RIBATEJO
19. Batalha — *M. Afonso Domingues*
20. Castelo de Bode — *São Pedro*
21. Óbidos — *Castelo*
22. Palmela — *Palmela*
23. Queluz — *Dona Maria I*
24. Setúbal — *São Felipe*

ESTREMADURA Y RIBATEJO

La zona central del litoral portugués, donde se extiende la provincia de Estremadura, y el tramo final del río Tajo, que atraviesa el Ribatejo, constituyen la región en la que históricamente estaba situada la línea fronteriza con los árabes, que ocupaban el Alentejo y el Algarve. El paisaje, en general ondulado y de escasa altura, ofrece su cara más espectacular en algunas pequeñas sierras y en los grandes acantilados que bordean el Atlántico, con los acusados promontorios de los cabos de Roca, Carvoeiro y Espichel. Un perfil muy distinto es el que ofrecen las márgenes del Tajo, que riega vastas llanuras sembradas de olivo, cereal y viñedos, antes de verter las aguas en el ancho estuario al que se asoma Lisboa.

Más al sur, otro estuario, el del río Sado, concentra una de las mayores riquezas ecológicas del país, en una región que -pese a estar muy poblada- cuenta con otros espacios naturales de interés, como el parque natural de la sierra de Arrábida o la bellísima sierra de Sintra, un singular bloque granítico cubierto de bosques que, por su cercanía a la capital, goza de una vieja fama como lugar de descanso. Entre los concejos de Leiria y Santarém, la sierra de Aire y Candeeiros ofrece también un paisaje muy peculiar, de vegetación rala, en el que abundan las cuevas con fantásticas formaciones de estalactitas y estalagmitas.

La importancia histórica de las dos provincias, queda patente en sus núcleos monumentales: Tomar, de vieja tradición templaria y con una encantadora judería, Santarém, que jugó un relevante papel como sede de la corte y sobre todo Alcobaça y Batalha, con sus imponentes monasterios que simbolizan la independencia del país. Junto a ellos, las grandes ciudades de Lisboa y Setúbal se reparten el protagonismo con las entrañables villas de Óbidos, Nazaré o Sesimbra y el magnestismo de Fátima, lugar de continua peregrinación cristiana, constrasta con el encanto mundano de Cascais o Estoril.

Gastronomía: El arroz, que se cultiva generosamente en el estuario del Sado, es uno de los platos más presentes junto con el pescado, de mar y de río, que ha dado origen a una gran variedad de calderetas y asados en los que no hay que olvidar a la humilde sardina. Entre las carnes destaca el cabrito frito o asado y, como postres, aquellos que tienen como materia prima el huevo, así como las quesadas y los pasteles de nata. Hay además una buena variedad de quesos, como los de Santarém, frescos o curados en aceite, los famosos *queijinhos* de Tomar y el cremoso de Azeitão. Los vinos tienen también una buena representación en los caldos de Carcavelos, Bucelas o Torres Vedras, así como en el delicado moscatel de Setúbal.

Artesanía: Son populares los encajes de bolillo de Peniche, así como los pañuelos y las vajillas de Alcobaça, las mantas de algodón de Óbidos y la loza tradicional de Caldas da Rainha, con algunas figuras satíricas y procaces.

Fiestas: La antiquísima feria anual de Leiria, cuya tradición se remonta a la época de D. Dinis, se realiza durante el mes de mayo y dura 20 días. Entre los días 3 y 5 del mismo mes, en Sesimbra tiene lugar una fiesta de los pescadores dedicada al Senhor das Chagas. También los pescadores son los protagonistas de la romería de Nossa Senhora de Nazaré, que se celebra en esta localidad en septiembre, y en la que la que se rinde a homenaje a esta Virgen rodeada de una aureola de leyendas. En Óbidos tiene lugar el 17 de enero otra romería dedicada a S. António y conocida vulgarmente como la fiesta del Chorizo. En Caldas da Rainha son famosos los Carnavales y en Tomar, la fiesta dos Tabuleiros, que se celebra cada dos años con sus procesiones de muchachas cargadas de bandejas de pan, constituye una de las manifestaciones folklóricas más coloristas del país.

POUSADA DE BATALHA
«MESTRE AFONSO DOMINGUES»

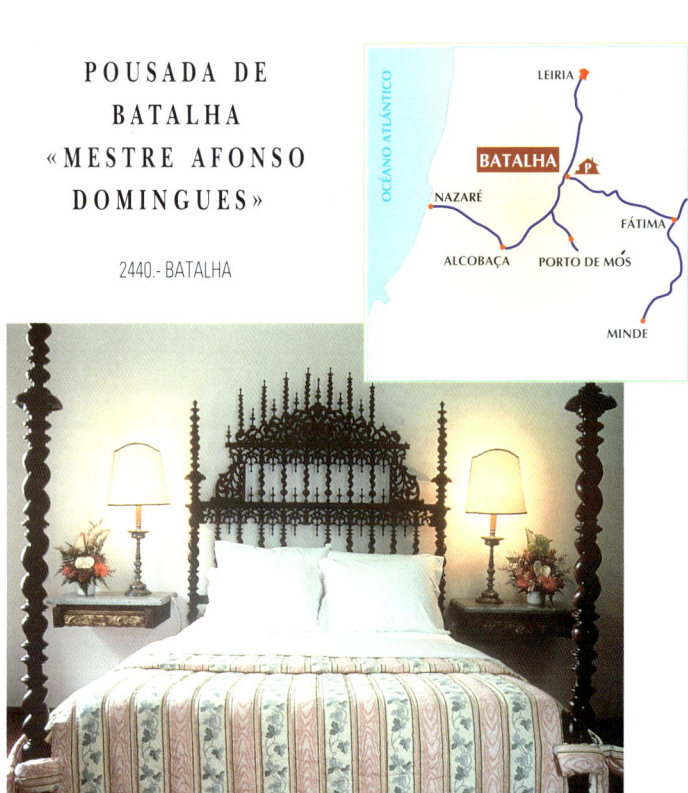

2440.- BATALHA

Conviene Saber

☎ (044) 96 260/1
Fax: (044) 96 247
Localización: Junto al monasterio de Batalha
Precio: Habitación 9.840-15.540 Pta

Cocina: sopa de Abegão, bacalao a D. Alvares y lomo de vaca al horno con salsa de aceitunas
Postres: tarta de almendra de Batalha
Habitaciones: 19 dobles y 2 suites

Categoría

Instalaciones

La Pousada do Mestre Afonso Domingues

La pousada do Mestre es una construcción reciente, equilibrada y con toques de arquitectura tradicional, levantada junto al célebre monasterio de Sta. Maria da Vitória, cuyo arquitecto, Afonso Domingues, ha dado nombre al establecimiento. El caserón de la pousada, envuelto de arbolado, ofrece un aspecto modesto y acogedor junto a la majestuosidad del monasterio, visible desde el comedor y las habitaciones. Entre ambos edificios, sobre una gran superficie empedrada, sólo se alza el monumento ecuestre del Condestável, realizado en 1968 al estilo de las estatuas renacentistas.

El monasterio de Batalha, declarado por la Unesco Patrimonio de la Humanidad y considerado como la obra más grandiosa del gótico portugués, se comenzó a construir en el año 1388 para conmemorar la victoria sobre las tropas castellanas en la batalla de Aljubarrota, librada tres años antes y decisiva para la independencia portuguesa.

En el conjunto, una abigarrada estructura de pináculos y cimborrios semejante a una labor de encaje, destaca en primer lugar la iglesia, desprovista de campanario siguiendo las pautas de la regla de los dominicos. Su delicado pórtico, realizado por Maese Huguet a comienzos del siglo XV, da paso al amplísimo interior de tres naves y 80 metros de longitud, iluminadas por ventanas manuelinas. A la derecha de la iglesia se alza la capilla del Fundador, construida también por Huguet, que sirve de mausoleo familiar para João I, el monarca que acometió la construcción del monasterio.

También junto a la iglesia se puede ver el maravilloso claustro real, gótico en su origen y con añadidos de puntillas y motivos vegetales manuelinos. Junto a él se encuentra la sala capitular, cuya atrevida bóveda es una de las joyas arquitectónicas del monasterio. Anejo al claustro real está el de Alfonso V, de dos pisos y un gótico más sobrio. La visita al conjunto finaliza en las capillas Imperfeitas, un curioso Panteón inacabado de planta octogonal, rodeado de capillas, con un hermoso portal que muestra los inicios del estilo manuelino.

De Leiria a las sierras de Aire y Candeeiros

A partir de Batalha se puede iniciar un recorrido circular que pasa en primer lugar por Leiria, asentada en un frondoso paisaje de pinar entre los ríos Lena y Lis. La ciudad, residencia real hasta el siglo XVI, se extiende bajo la protección de un espléndido castillo de comienzos del siglo XII, reformado dos siglos más tarde por D. Dinis. La fortaleza, accesible a través de un puerta flanqueada por dos torreones, está coronada por la torre del homenaje, desde la que se divisa una vasta panorámica. Dentro del recinto, se pueden ver las ruinas de la capilla de Nossa Sra. da Pena, del siglo XIV, y el notable palacio real, con su galería de arcos ojivales que,

Batalha. Monasterio.

desde tiempos del rey Dinis, hace el papel de balcón sobre la ciudad.

Descendiendo al núcleo histórico de Leiria, habrá que detenerse también ante la catedral, iniciada en el siglo XVI y muy dañada por el terremoto de 1755. Otro de los templos que sufrieron las consecuencias del seísmo es el de la Misericórdia, de la misma época, asentado en la antigua judería. El centro de la vida local es la plaza Rodrigues Lobo a la que va a parar la bonita calle de Alfonso Albuquerque, atravesada por un arco con adornos de azulejos. En esta plaza y en la de Cândido dos Reis, se pueden ver algunos caserones y buenos ejemplos de la arquitectura civil del siglo XIX.

El trayecto en torno a Batalha continúa en dirección a Fátima, uno de los grandes centros de peregrinación mariana de la humanidad, desde que en 1917 tres pastores fueron testigos de la primera aparición de la Virgen en la llamada Cova da Iría. La devoción popular desencadenada por nuevas apariciones y la fama que fue adquiriendo la Virgen de Fátima, como autora de numerosos milagros, llevaron a la Iglesia a autorizar su culto, construyéndose la enorme basílica, concluida en 1953.

El edificio, neoclásico y dominado por una torre de más de 60 metros de altura, está precedido por un gran atrio semicircular y guarda en su interior los cuerpos de los dos videntes fallecidos, Francisco y Jacinta. Frente a la basílica, una inmensa explanada de empedrado sirve como escenario para las grandes concentraciones, muy numerosas el día 13 de mayo. Sobre las losas, una franja de piedras claras hace el papel de camino para penitentes, que a menudo recorren este largo trecho a rastras o de rodillas.

En la misma explanada se puede ver el lugar de la encina y la primera capilla construida donde se produjeron las apariciones. A poca distancia del recinto, un museo de cera describe la historia de las apariciones en 29 escenas ingenuas y llenas de detalles de gran realismo.

De nuevo en ruta, podemos tomar la carretera que va hacia el sur, en dirección a Minde, para atravesar las sierras de Aire y Candeeiros, una amplia extensión de clima suave, que sirve de frontera natural entre las regiones de Estremadura y Ribatejo. La característica más peculiar de este espacio, declarado parque natural, es la ausencia de cursos de agua superficiales, que ofrece un paisaje con escasa vegetación y de una belleza áspera. En cambio, la generosa presencia de aguas en el subsuelo ha

Cuevas de Alvados.

Cuevas de Alvados.

originado afloramientos como los lagos de Alvados y Arrimal y, sobre todo, las espectaculares cuevas de Alvados, Sto. António y Mira de Aire, cuyas formaciones, salas y estanques subterráneos sorprenden continuamente al visitante.

Alcobaça y Nazaré

También desde Batalha, hacia el sur, otro destino atractivo es Alcobaça, población que gira alrededor de su magnífico monasterio. El conjunto monacal fue fundado en el año 1178 por la orden del Císter, cumpliendo una promesa hecha por Alfonso Henriques tras conquistar Santarém a los árabes. Las dimensiones de la obra, considerables desde sus inicios, fueron ampliadas hasta el siglo XVIII, cuando se construyeron las torres barrocas.

El acceso al monasterio se hace a través de la iglesia, que cumple fielmente con la sobriedad cisterciense y en la que destacan las tres altísimas naves, ensanchadas en su tramo final para corregir la perspectiva. En el crucero se pueden ver los sepulcros de Pedro I y su esposa Inés de Castro, la legendaria reina de origen gallego, asesinada en 1355 en la Quinta de las Lágrimas de Coimbra y coronada dos años después de su muerte. La delicada talla de estos sepulcros, realizados en piedra caliza blanca, los convierte en una de las obras cumbres de la estatuaria medieval.

Desde un lateral de la iglesia se accede al claustro de D. Dinis, formado por dos pisos, uno del siglo XIV y otro del XVI, rodeados por las dependencias del monasterio: la sala capitular, la sala de los monjes, la cocina, con sus enormes chimeneas, el refectorio, donde se puede ver el bello púlpito del lector, y la sala de los reyes, con frisos de azulejos que narran la creación del monasterio.

Fuera de éste, el viajero puede disfrutar de la animación de la plaza del 25 de Abril y acercarse a los restos del castillo, de origen árabe, que brinda buenas perspectivas de la villa, el monasterio y la sierra de Candeeiros.

Desde Alcobaça, un trayecto de 12 kilómetros separa al viajero de la localidad de Nazaré, la preciosa villa marinera en la que todavía es posible ver a las mujeres, ataviadas con pañuelos y faldas cortas, secando el pescado al sol. La población, que encierra rincones de un raro tipismo, se extiende al borde de la playa y del puerto, y está comunicada mediante un funicular con el barrio alto, conocido como El Sitio, con un magnífico mirador sobre la ensenada y el caserío.

Otras excursiones de interés

Más allá de Fátima, el casco monumental de Tomar (ver capítulo de Castelo de Bode) merece una escapada. Hacia el sur, a las puertas del parque natural de Candeeiros, se alza Porto de Mós, con su singular castillo de cubiertas cónicas y un museo que recoge objetos artesanales y hallazgos paleontológicos de la región.

Porto de Mós. Castillo.

POUSADA DE CASTELO DE BODE
«SÃO PEDRO»

CASTELO DE BODE
2300.- TOMAR

Conviene Saber

☎ (049) 38 11 59
38 11 75
Fax: (049) 38 11 76
Localización: Junto al embalse de su nombre a 7 km. de Constancia
Precio: Habitación 9.840-15.580 Pta

Cocina: chuletas de cordero con hierbas aromáticas, chanfaina a la portuguesa
Postre: fatias de Tomar
Habitaciones: 24 dobles y 1 suite, algunas con terraza

Categoría: C

Instalaciones

La Pousada de São Pedro

La pousada de S. Pedro es una construcción de nueva planta que se asoma al embalse de Castelo de Bode, una impresionante presa abovedada de 115 metros de altura donde se remansan las aguas del Zêzere antes de llegar al Tajo. Desde la pousada, dotada de un amplio comedor acristalado y de habitaciones que miran hacia la monumental obra de ingeniería, se tienen además hermosas perspectivas del curso del Zêzere, que fluye encajonado entre colinas cubiertas de olivos.

Tomar. Convento del Cristo.

Tomar, la ciudad templaria

A partir de la pousada, rodeada de un caserío disperso en el que predominan los edificios ligados a la presa, una de las escapadas indispensables es la que lleva al viajero a Tomar, ciudad de vieja tradición templaria, bordeada por el río Nabão.

El antiguo núcleo urbano de Tomar se asienta en las laderas de una colina cubierta de vegetación, sobre la que se levanta el castillo, construido a mediados del siglo XII por iniciativa de Gualdim Pais, gran maestre de los templarios. La prohibición del Temple dio origen a la orden militar de Cristo, que heredó los bienes de los templarios y alcanzó su mayor poder hacia el siglo XV, cuando armaron las carabelas que iniciaron la época dorada de la navegación portuguesa.

De la primitiva época del castillo se conserva el recinto amurallado que protegía la ciudadela, así como la fortaleza con su torre del homenaje. Dentro del conjunto se alza la iglesia con una portada de aire plateresco y una monumental charola del siglo XII que sigue el modelo del Santo Sepulcro de Jerusalem. Junto al templo, se puede ver el convento de Cristo, una de las grandes obras del Renacimiento en Portugal, construido en su mayor parte hacia el siglo XVI.

Entre los seis claustros que forman parte del complejo conventual, destacan los del Lavaje y el Cementerio, góticos y el de Diogo de

Tomar. Iglesia y castillo.

Tomar. Convento de Cristo.

Torralva, de una severa belleza, con dos plantas sostenidas por columnas jónicas y toscanas y comunicadas mediante escaleras de caracol. Próximo a este claustro está la casa del Capítulo, con la famosa ventana realizada por Diego de Arruda y catalogada como la obra maestra del estilo manuelino en Portugal.

Concluida la visita, al salir del recinto amurallado, vale la pena acercarse al borde de la pequeña explanada habilitada como aparcamiento, desde donde se tiene una hermosa vista de la ciudad y a la izquierda, a media ladera, de la basílica renacentista de Nossa Sra. da Conceição.

Bajando al casco monumental, destaca en primer término la plaza de la República, rodeada por un buen conjunto de edificios civiles y por la iglesia de S. João Baptista, reedificada sobre un templo románico, con fachada gótica y campanario manuelino. El interior conserva una buena colección de tablas del Maestre Gregorio Lopes, un púlpito flamígero tallado en piedra y un bello tríptico del siglo XVI, realizado por discípulos de Quintino de Metzys.

El entorno de la plaza está formado por un agradable entramado de callejas, con casas encaladas y adornadas con flores en las que a menudo se descubren bonitas ventanas en esquina. Una parte importante de esta zona la ocupa el barrio judío, en cuyo centro se puede ver la sinagoga. Tras la expulsión de los judíos, la edificación jugó los papeles de cárcel, pajar, bodega y almacén de mercancías y en 1923 fue recuperada para convertirse en uno de los escasísimos templos de culto hebraico que se conservan en Portugal. Su interior, sustentado por cuatro estilizadas columnas, exhibe actualmente un curioso museo de objetos de culto y recuerdos enviados desde todos los lugares del mundo y, como curiosidad, un singular sistema para mejorar la acústica del lugar con ayuda de cántaros de barro incrustados en las esquinas.

Más allá de la zona vieja, bordeando el río Nabão se pueden ver los molinos del Rei, ejemplo del aprovechamiento de la fuerza motriz del agua durante el siglo XVI, así como una antigua rueda de riego que aún se conserva en el parque del Mouchão, agradable zona ajardinada que ocupa un islote en un recodo del río.

Al otro lado del cauce, ya en las afueras de la ciudad, se levanta uno de sus templos más valiosos, Sta. Maria do Olival, que jugó el papel de matriz de todas las iglesias portuguesas en África, Asia y América durante la época de los Descubrimientos. Su fachada, de un gótico imponente, muestra el *Signum Salomonis*, símbolo del Temple, y en el interior guarda los sepulcros de ventidós caballeros de esta orden legendaria.

Por último, en el recorrido de Tomar y en el capítulo de las curiosidades hay que destacar el museo de Fósforos, instalado en el convento de S. Francisco y considerado como el mayor de Europa en su género.

Pueblos del Ribatejo

En dirección al sur, la pousada de Castelo de Bode ofrece la oportunidad de acercarse a la ribera del Tajo, cuyo ancho cauce bordea algunas localidades de interés. El recorrido se puede iniciar en Torres Novas, bonita villa atravesada por el río Almónda y coronada por un castillo de planta circular, del siglo XII, que encierra un cuidado jardín. A los pies del castillo, la plaza 5 de Outubro reúne algunos de los edificios más elegantes y la iglesia de la Misericordia, de fachada renacentista.

El patrimonio artístico de Torres Novas, incluye además numerosos templos con buenas colecciones de azulejería, así como el museo municipal Carlos Reis, en el que se muestran valiosos objetos de arte sacro y hallazgos arqueológicos, como un raro yelmo del siglo XII. En el entorno de la ciudad merecen una visita las ruinas romanas de Vila Cardílio, con un excelente conjunto de mosaicos y galerías, y las grutas de Lapas, enormes excavaciones que posiblemente jugaron el papel de catacumbas y que se extienden en el subsuelo de este caserío.

Desde Torres Novas, una carretera nos acerca a Golegã, asentada junto a la antigua vía romana que unía Lisboa y Porto. La localidad tiene una iglesia parroquial del siglo XVI, con una preciosa portada manuelina, y cuenta con dos museos, el Martins Correia, de arte moderno y el Carlos Relvas, de fotografía, habilitado en un soberbio palacete del siglo XIX. Muy cerca de Golegã, los amantes de la naturaleza pueden disfrutar de la reserva natural Paúl do Boquilobo, una zona húmeda muy rica en garzas y anátidas, formada por la confluencia del Tajo y el Almonda.

Retomando el curso del Tajo el viajero puede pasar por Chamusca, antiguo puerto fluvial en el que se puede ver una bonita reconstrucción de una casa rural de la comarca. Muy cerca, en ambas márgenes del río se alzan las entrañables aldeas de Arrapiado y Barquinha, y en dirección a Tancos el castillo de Almourol, que fue levantado por los templarios para defender el Tajo en la lucha contra los árabes y aparece erguido sobre un islote como en un paisaje de cuento.

Otra de las poblaciones ribereñas que conservan parte de su encanto es

Constância. Estatua de Camões.

Constância, situada junto a la desembocadura del Zêzere. Su fundación se remonta al año 100 a. de C. y su viejo entramado de callejas recuerda el paso de Luis de Camões, el autor de *Os Luisiadas*, que estuvo desterrado en esta región y cuya casa ha sido restaurada.

De nuevo en ruta, es aconsejable hacer una escala en Abrantes, que posee una elegante fortaleza del siglo XII, varias iglesias y un palacio real. Más hacia el norte, Sardoal muestra los recuerdos medievales de su casco viejo, las calles empedradas con guijarros de río y las fachadas cubiertas de flores, que provocan una auténtica explosión de color en primavera y han dado a la villa el sobrenombre de "pueblo jardín".

Otras excursiones de interés

A partir de Castelo de Bode, un recorrido por pequeñas carreteras en dirección al norte nos lleva a Ferreira do Zêzere, en cuyo concejo se encuentra el encantador caserío de Dornes, coronado por una torre pentagonal templaria. Más allá de Torres Novas se extiende el parque natural de las serras de Aire e Candeeiros (descrito en el capítulo de Batalha).

POUSADA DE ÓBIDOS «CASTELO»

2510.- ÓBIDOS

Conviene Saber

☎ (062) 95 91 05
95 91 46
Fax: (062) 95 91 48
Localización: En la misma ciudad
Precio: Habitación 14.350-22.960 Pta

Cocina: calamares a la portuguesa, filetes de pavo con Madeira
Postres: pudin de Maçã
Habitaciones: 6 dobles y tres suites

Categoría
CH

Instalaciones
TV

La Pousada do Castelo

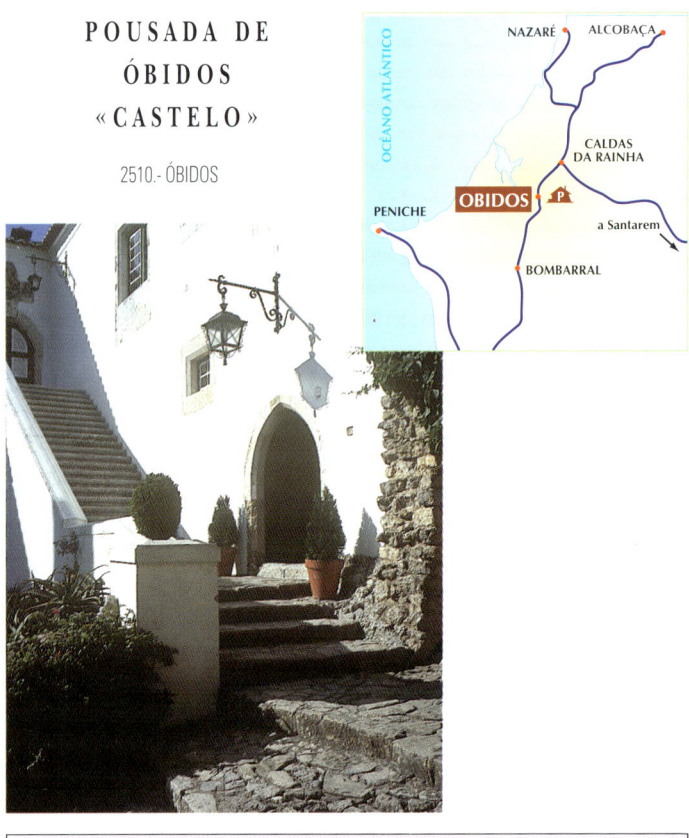

La pousada do Castelo ocupa las antiguas dependencias de un palacio en el interior del castillo de Óbidos, construido en la parte más alta de esta villa amurallada, una de las más encantadoras y entrañables de Portugal. La entrada a la pousada, a través del patio central del castillo, saluda al visitante con un pequeño jardín de setos rodeado por las blancas fachadas del establecimiento, en las que destacan las ventanas manuelinas y la escalera de acceso a la recepción. El austero mobiliario, con buenas piezas de madera tallada, refuerza el ambiente medieval del interior, sobre todo en algunos dormitorios que conservan muros de piedra vista.

Óbidos. Santuario Senhor da Pedra.

El castillo, protegido por la sólida torre del homenaje, es una notable fortificación del siglo XVI levantada sobre otra anterior y forma parte del recinto que defendía esta localidad fronteriza entre territorios cristianos y musulmanes. El recorrido de las murallas, dotadas de tres hermosas puertas de acceso a la población, se puede hacer por el camino de ronda desde el que se tienen bonitas vistas del entorno y del blanco caserío de Óbidos.

Dentro del pueblo, el visitante tendrá ocasión de recorrer las calles, muy pulcras, animadas por las tiendas con reclamos para turistas y por las franjas azules de las fachadas, cubiertas de matas de flores. Entre los edificios de interés, destaca la iglesia de Sta. María, construida posiblemente sobre una antigua mezquita, y que conserva algunos frescos de Josefa de Óbidos, pintora del siglo XVII de origen sevillano, así como azulejos de la misma época y el bello sepulcro renacentista de los Nornonha. Frente a la iglesia, que ocupa el centro de la población, se extiende una bonita plaza, presidida por la picota del siglo XVI.

Otro de los templos relevantes es el de Santiago, gótico, que sirvió como capilla del palacio y quedó muy deteriorado por el terremoto de 1755. Junto a él está la torre del Reloj, que hizo eventualmente de cárcel durante el siglo pasado. Ya en las afueras vale la pena acercarse al santuario de Senhor da Pedra, levantado en el siglo XVIII, con planta octogonal, que guarda una cruz del siglo II a la que se atribuyen propiedades milagrosas.

De Caldas da Rainha a Santarém

A partir de Óbidos, la proximidad a Caldas da Rainha hace aconsejable una visita a esta ciudad, nacida en torno a unas termas que, desde el siglo XV, alcanzaron un notable prestigio en el tratamiento del reúma y las enfermedades nerviosas. El bello edificio termal se levanta en un parque frondoso, con estanques y parterres, en cuyo interior se puede ver también el Museo Malhoa, donde se exponen obras de este pintor y de otros artistas de finales del siglo pasado, entre ellos el ceramista Pinheiro, a quien se atribuye el nuevo auge de la cerámica portuguesa. Cerca del parque se alza el templo de Nossa Sra. do Pópulo, buen ejemplar de manuelino primitivo, con una de las pocas torres originales que se conservan de aquella época y un interior recubierto de azulejos del siglo XVII.

A partir de Caldas da Rainha, podemos tomar la carretera hacia Santarém, pasando por Rio Maior, que conserva sus calderas moriscas y una agradable arquitectura tradicional, así como las salinas de Fonte da Bica, antiguo centro de extracción de sal gema procedente de aguas subterráneas.

A poco más de 30 kilómetros, Santarém recibe al viajero con un rico casco monumental que reclama un recorrido pausado. Por su situación a orillas del Tajo, la ciudad está rodeada de tierras fértiles que debieron ofrecer un atractivo especial para los pueblos bárbaros, romanos y árabes, hasta ser conquistada a mediados del siglo XII. Su importancia posterior como lugar de residencia de algunos reyes y centro de grandes acontecimientos, contribuyeron a enriquecer su patrimonio monumental, que llegó a contar con 15 conventos y numerosas iglesias.

Santarém. Parque.

El paseo se puede iniciar en el jardín de la República, un agradable parque de ambiente popular, junto al que se pueden ver las ruinas de la iglesia de S. Francisco, edificio del siglo XIII, en restauración, en el que se aprecian los capiteles bellamente decorados y el claustro con arcos ogivales. Frente al parque abre sus puertas el mercado cubierto, una bonita construcción con paneles de azulejos de temas tradicionales.

El *largo* de la Piedade da paso a la plaza Sá da Bandeira, limitada por la capilla de la Piedade, del siglo XVII, y por la imponente fachada barroca de la iglesia del Seminario, templo jesuita de interiores amplísimos. A partir de la plaza habrá que recorrer la calle Serpa Pinto, con preciosas fachadas de azulejos, para acercarnos a la iglesia Marvila, de elegante portada manuelina, y al museo arqueológico, habilitado en la iglesia románica de S. João de Alporão, con una buena colección de piezas romanas y árabes. Frente a la iglesia se yergue la torre de Cabaças -posible resto de la muralla medieval- cuya campana regía el paso del tiempo en la ciudad.

Siguiendo el recorrido llegamos a la iglesia de Graça, del siglo XIV, con una delicada fachada gótica en la que destaca el rosetón. En su interior de tres naves, se pueden ver algunas tumbas, como la de Pedro Alvares Cabral, descubridor del Brasil. Próxima a ésta, la iglesia del Santísimo Milagre conserva una bella decoración renacentista, así como una hostia milagrosa que atrae a devotos de todo el mundo.

Finalmente, yendo en dirección al Tajo, se puede disfrutar de una magnífica vista del Ribatejo en el jardín de las Portas do Sol, rodeado por las viejas murallas del castillo, a cuyos pies el río forma un acusado quiebro.

Entre los lugares cercanos a Santarém, Alpiarça ofrece un interesante museo, habilitado en la bonita casa solariega de José Relvas, político del siglo XIX. El museo, conocido como la Casa dos Patudos, reúne una colección de tapices de los siglos XVII al XIX, alfombras de Arraiolos, lozas y porcelanas de distintos países, telas flamencas del siglo XVI, paneles de azulejos y un notable mobiliario.

Torres Vedras y la costa de Peniche

Desde Óbidos, la carretera que conduce al sur nos acerca a Torres Vedras pasando por Bombarral, donde se puede ver el elegante palacio de los Gorjões y la iglesia de la Madre de Deus, con una destacada colección de azulejos. A continuación, Torres Vedras aparece a los ojos del viajero rodeando su imponente fortificación, en cuyo interior se alza la iglesia de Sta. Maria do Castelo, del siglo XII, con vestigios románicos en su portada.

Entre sus monumentos más relevantes se encuentra la capilla de Nossa Sra. do Amial, medieval, con una talla de la Virgen de esa época, así como las iglesias de Santiago, con fachada manuelina y una bella sillería del siglo XVII y de S. Pedro, que alberga una sepultura renacentista y está recubierta de azulejos de los siglos XVI al XVIII.

A partir de Torres Vedras, una carretera conduce a Lourinhã, pueblo que conserva algunas calles medievales y una iglesia parroquial gótica. Siguiendo ruta, el viajero llega a Peniche, villa nacida sobre un antiguo islote que se unió al continente formando una península rocosa.

Junto a la fortaleza de Peniche, del siglo XVI, el gran espectáculo de esta villa es el puerto pesquero, uno de los mayores de Portugal, en el que trasiegan permanentemente las cuadrillas de pescadores y los barcos entran, al atardecer, para descargar su pesca. El puerto sirve además como punto de partida para la reserva natural de las islas Berlengas, situada a 12 kilómetros del litoral, en cuyo islote principal se asienta un castillo del siglo XVII.

Peniche. Puerto.

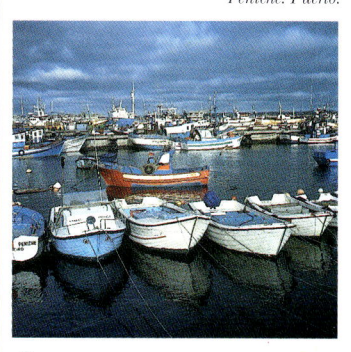

Otras excursiones de interés

El precioso pueblo marinero de Nazaré, la villa monumental de Alcobaça y el parque natural de las sierras de Aire e Candeeiros (descritos en el capítulo correspondiente a la pousada de Batalha), están también muy próximos a Óbidos. En su entorno inmediato, entre la población y la Foz de Arelho, se encuentra la laguna de Óbidos, con la espectacular vista de sus aguas remansadas junto al mar.

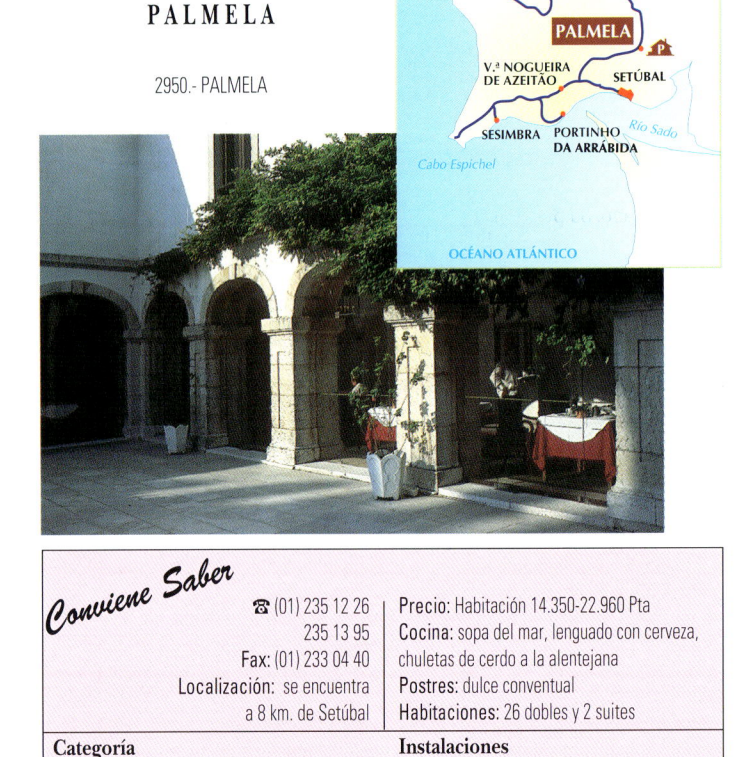

POUSADA DE PALMELA

2950.- PALMELA

Conviene Saber

☎ (01) 235 12 26
235 13 95
Fax: (01) 233 04 40
Localización: se encuentra a 8 km. de Setúbal

Precio: Habitación 14.350-22.960 Pta
Cocina: sopa del mar, lenguado con cerveza, chuletas de cerdo a la alentejana
Postres: dulce conventual
Habitaciones: 26 dobles y 2 suites

Categoría
CH

Instalaciones

La Pousada de Palmela

La pousada de Palmela se levanta en un altozano ocupando el antiguo convento de Santiago, una fundación del siglo XV que, tras diversas modificaciones y pese a su nuevo destino, aún mantiene la atmósfera de quietud que debió caracterizar la vida del primitivo monasterio. Todo en esta pousada: el claustro, rodeado de una galería que sirve para el relajo de los huéspedes, las viejas dependencias conventuales, transformadas en salones, el refectorio, convertido en un amplio comedor, y los espaciosos pasillos que conducen a las habitaciones, parece seguir atesorando esa discreta lejanía del mundo, tan querida por algunas órdenes religiosas desde la Edad Media. Junto al edificio, que ocupa uno de los flancos del castillo, presidido por la imponente torre del homenaje, se levanta la iglesia de Santiago, concluida a finales del siglo XV en estilo gótico tardío. Su interior está revestido de azulejos de los siglos XVII y XVIII y conserva algunas lápidas, así como el sepulcro de Jorge de Lencastre. También dentro del recinto del castillo están las ruinas de la iglesia de Santa Maria do Castelo, que apenas deja entrever sus rasgos renacentistas tras ser derribada por el terremoto de 1755.

Palmela y los pueblos del Ribatejo

A los pies de la pousada y separada de ésta por una frondosa mata de bosque se extiende la villa de Palmela, que alcanzó cierta notoriedad durante la ocupación romana, cuando se llevó a cabo la construcción del castillo aprovechando este lugar estratégico entre los estuarios del Tajo y del Sado. Su posición la convirtió en una plaza muy disputada por árabes y cristianos, pasando a ser, con el tiempo, la localidad predominantemente agrícola que ha llegado a nuestros días.

La ciudad, al margen del recinto de su castillo, conserva escasos testimonios del pasado, apenas un pequeño núcleo de calles que tiene como centro la plaza del Duque de Palmela, donde se encuentra la picota, del siglo XVII. En su entorno se puede ver la capilla de la Misericórdia, del siglo XVI, el ayuntamiento, posterior, y el templo parroquial, dedicado a S. Pedro y con una bonita colección de azulejos del siglo XVIII.

A partir de Palmela, cualquiera de las carreteras que llevan hacia el norte permiten al viajero acercarse a algunos pueblos: Alcochete, Montijo, Moita,..., que pese a la proximidad de Lisboa, mantienen su vida tradicional, volcada en la pesca y en la construcción de barcos, decorados con tonos muy vivos. En las inmediaciones de Moita, el mínimo puerto de Gaio es una buena muestra de esta actividad artesanal, ejecutada por pintores que cubren los cascos de las embarcaciones con guirnaldas de flores y motivos populares.

Otro de los pueblos que han sabido preservar su arquitectura popular es Rosário, donde se puede ver un buen conjunto de fachadas coloreadas y una excelente panorámica del estuario del Tajo y el perfil de Lisboa, al fondo. También en las inmediaciones de Moita, Alhos Vedros merece la atención del viajero, particularmente por su iglesia parroquial, dedicada a S. Lourenço y con un precioso interior en el que destaca la capilla manuelina, con azulejos hispano-árabes del siglo XVI.

Bordeando el Tajo en dirección a su desembocadura se llega a Seixal, villa muy vinculada al aprovechamiento del estuario. En su término se ha habilitado un Eco-museo que cuenta con dos secciones de gran interés, un núcleo naval en el que se muestran

Alhos Vedros. Iglesia de S. Lourenço.

Cabo Espichel.

miniaturas de embarcaciones típicas del Tajo y un molino de marea, emplazado en Corroios, que aún sigue en activo.

El cabo Espichel y el parque natural de Arrábida

Al oeste de Palmela, en dirección al Atlántico se extiende el parque natural de Arrábida, una sucesión de elevaciones: S.Luis, Gaiteiros, S. Francisco,..., que acaban cayendo en picado sobre el mar, desde 500 metros de altitud, en la resplandeciente sierra de Arrábida.

El recorrido que conducirá al viajero al interior de este espacio protegido (muy cercano también a la ciudad de Setúbal), se puede iniciar bordeando el parque por la carretera que concluye en los acantilados del cabo Espichel. En este primer trayecto vale la pena detenerse en Vila Nogueira de Azeitão, localidad que conserva algunas curiosas fuentes barrocas junto a la misma carretera, así como la lujosa quinta de José Maria da Fonseca, una bodega creada en 1834 donde se producen excelentes vinos de moscatel y se puede ver una completísima colección de botellas, algunas centenarias, y un entrañable museo de objetos ligados al mundo del vino. A partir de aquí la carretera sigue en dirección a Santana, donde habrá que tomar el desvío hacia Sesimbra, población dominada por un castillo medieval. Los callejones de Sesimbra bajan en zigzag hacia el mar llevando al visitante hasta el puerto donde se agolpan las embarcaciones, a resguardo, mientras la pesca recién llegada se pone diariamente a la venta en un mercado de aspecto improvisado.

De vuelta a Santana, es muy recomendable aproximarse al cabo Espichel, considerado como uno de los promontorios más bellos del país. A medida que nos vamos acercando, el paisaje, inhóspito y de vegetación rala, anuncia la desnudez de este rincón batido por el viento. Nada más llegar, impresiona la magnitud del Santuario de Nossa Sra. do Cabo, construido en el siglo XVIII y actualmente muy abandonado, incluso con algunos problemas de seguridad (conviene dejar el coche a la vista). Detrás del templo se encuentran los acantilados, unas paredes verticales de más de 150 metros con una vastísima panorámica del mar, al que se

PALMELA

Sesimbra. Mercado.

asoma el faro y la pequeña ermita de la Memória, del siglo XV.

A partir del cabo habrá que tomar el camino de regreso a Palmela para desviarse, a la altura de la Aldeia de Irmãos, hacia el interior de la sierra de Arrábida. La estrecha carretera ofrece magníficas vistas de esta espectacular formación calcárea, a la vez suave y agreste.

Catalogada como parque natural a mediados de los años 70, la sierra de Arrábida atesora una vegetación que abarca desde los bosques de robles hasta diversas plantas aromáticas: romero, brezo, manzanilla, salvia, hinojo,..., que han dado justa fama a su producción de miel. La fauna, igualmente variada, incluye el gato montés, la jineta, el zorro, numerosas aves rapaces y una gran riqueza de mariposas, entre otros insectos, de enorme interés para los observadores de la naturaleza. Pero incluso para el viajero más impaciente, la belleza inmediata de este espacio protegido, que va bordeando el océano y creando brevísimas calas en su recorrido, justifica sobradamente la visita.

En este trayecto, uno de los rincones más hermosos es el convento de Arrábida, fundación franciscana de mediados del siglo XVI, abandonada en 1834, que se levanta en el corazón de la sierra y cuya vista alcanza hasta la lejana península de Troia. El complejo de edificaciones, en la actualidad perteneciente a una entidad privada, incluye el convento propiamente dicho, así como un santuario y varias garitas y posadas, de distintas épocas, que dan al conjunto un aire de pueblo mediterráneo, perfectamente integrado en el paisaje.

Siguiendo por la carretera que bordea el litoral, se alcanza el encantador Portinho de Arrábida, una ensenada de aguas apacibles protegida por el fuerte de Nuestra Señora de Arrábida. Esta construcción defensiva, levantada a mediados del siglo XVII para frenar los frecuentes ataques de los corsarios contra el convento franciscano y la ciudad de Setúbal, alberga hoy un Museo Oceanográfico vinculado al parque natural.

Arrábida.

Otras excursiones de interés

Muy cerca de Palmela y en dirección al parque natural de Arrábida se extiende la sierra de Louro, donde se conserva un interesante conjunto de molinos de viento. Un poco más al norte, los sepulcros neolíticos excavados en la roca, en la localidad de Quinta do Anjo, acreditan la primitiva ocupación de la zona.

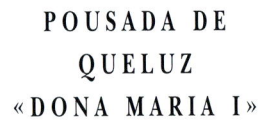

POUSADA DE QUELUZ «DONA MARIA I»

2745.- QUELUZ - LISBOA

Conviene Saber ☎ (01) 435 61 58 / 435 61 72 / Fax: (01) 436 61 89	**Precio:** Habitación 14.350-22.960 Pta
Localización: A unos 15 kms. de Lisboa en dirección a Sintra	**Cocina:** caldo de caza, lenguado Cozinha Velha, lomo de venado
	Postres: tarta de chocolate
	Habitaciones: 26 dobles
Categoría CH	**Instalaciones**

La Pousada de Dona Maria I

La Pousada de Dona Maria I, habilitada en el conjunto monumental de Queluz, es uno de los últimos establecimientos incorporados a la red y también uno de los más refinados, con su decoración de tonos suaves y un mobiliario que remite al entorno palaciego sin caer en el barroquismo. El comedor, iluminado por amplios ventanales, sirve como salón de desayunos, mientras que el restaurante se encuentra en un edificio independiente, la *Cozinha Velha*, que ocupa las viejas cocinas del palacio de Queluz.

El palacio, construido entre mediados y finales del siglo XVIII, es uno de los mejores ejemplos del rococó en Portugal y cuenta con unos hermosos jardines donde se mezcla el estilo francés y el italiano con una sucesión de fuentes, pérgolas y estanques. El interior del conjunto palaciego merece también una visita que llevará al viajero a través del lujoso salón del Trono, el salón de Don Quijote, la sala de Portugal, decorada con azulejos policromados, y otras dependencias en las que abundan las maderas doradas, los espejos y las arañas de cristal de Venecia, muy del gusto de la época.

Lisboa. Convento de los Jerónimos.

Lisboa. Torre de Belem.

Lisboa

La proximidad de Lisboa (a 14 kilómetros de Queluz) hace casi obligada la visita a la capital portuguesa, que se asoma al ancho estuario del Tajo y cuya descripción precisaría una generosa cantidad de tinta. Para respetar el esquema de la guía, el viajero contará con una visión sucinta de esta bellísima ciudad.

Su historia se remonta a los inicios del comercio marítimo, cuando se constituyó en colonia fenicia. Más tarde desempeñó la capitalidad de Lusitania en la época romana y fue una importante plaza visigoda hasta ser conquistada por los árabes, a comienzos del siglo VIII, convirtiéndose en una activa ciudad comercial. Tras ser reconquistada a mediados del siglo XII, pasó a ser la capital del reino y en plena época de los descubrimientos jugó un papel clave como lugar de partida de las expediciones al Nuevo Mundo.

El acontecimiento más relevante que marcó un antes y un después en la fisonomía de Lisboa fue el terremoto, seguido de un maremoto y un incendio, que sacudió la ciudad el 1 de noviembre de 1755, provocando su destrucción y cerca de 40.000 víctimas. Las obras de restauración, en las que tuvo un papel destacado el marqués de Pombal, dieron al casco histórico el aspecto que ha llegado hasta hoy y que, simplificando, se reparte en tres zonas de personalidad muy distinta: la Baixa, el Bairro Alto y La Alfama.

El barrio de la Baixa, en el que se aprecia más claramente la planificación emprendida por Pombal, está formado por una cuadrícula regular de calles extendida en un ancho terreno de rambla que va a dar al Tajo. Al mismo borde del río se encuentra la espléndida plaza del Comércio, presidida por una airosa estatua ecuestre de José I y flanqueada por edificios neoclásicos con soportales. En el lado del Tajo, la plaza se comunica con el río a través de una escalinata con columnas que lleva al embarcadero, y en la cara opuesta, un Arco de Triunfo conduce hasta la calle Augusta, la arteria peatonal del barrio, en la que se suceden bellas fachadas decimonónicas, tiendas de lujo y comercios tradicionales. Tanto ésta como la paralela calle del Ouro, concentran buena parte de la animación de la Baixa y llevan al visitante hasta la plaza del Rossio, centro vital de la ciudad, con sus veteranos cafés, sus puestos de flores y su continuo trajinar de lisboetas apresurados. A partir del Rossio, la avenida de la Liberdade, un amplio bulevar ajardinado, conduce hasta la plaza del Marqués de Pombal atravesando una zona de ensanche en la que se encuentra el magnífico Jardín Botánico.

El entorno de la plaza del Rossio reúne varios edificios de interés, empezando por la estación de ferrocarril, construida en el siglo XIX imitando el estilo manuelino, y siguiendo por la iglesia barroca de S. Domingo y el palacio de la Independencia, donde se firmó la independencia de Portugal respecto a España. Muy cerca del Rossio, en la calle Sta. Justa, se encuentra el famoso ascensor de Eiffel que sube hasta la iglesia del Carmo, templo del siglo XIV arruinado por el terremoto.

La zona en la que se asienta el templo, al oeste de la Baixa, ocupa los umbrales del Bairro Alto y se conoce popularmente como Chiado. En ella destacan las calles del Carmo y Garrett, muy dañadas por el penoso incendio que asoló esta zona hace algunos años y en las que se prodigan los escaparates de librerías *de viejo* y los veteranos cafés, como Bernard y A Brasileira. En este último, el visitante puede compartir la terraza con Pessoa, el escritor lisboeta por excelencia, que fue cliente habitual del café y ha sido inmortalizado en una estatua, sentado a una mesa.

También en el entorno del Bairro Alto, un entramado de calles donde aún se mezclan las últimas discotecas y los viejos locales de fado, se alzan las iglesias de Loreto y de los Mártires, así como el museo de Arte Contemporânea y el teatro de S. Carlos. Algo más hacia el interior, el mirador de S. Pedro de Alcántara, accesible por un gracioso funicular, ofrece hermosas vistas de la Baixa.

Por último, La Alfama representa el lado más popular de la ciudad, con su caserío de callejones estrechos, de clara resonancia árabe, coronado por el castillo de S. Jorge, otro de los miradores privilegiados de Lisboa.

Al margen de estos barrios, el viajero tendrá ocasión de disfrutar de muchas otras facetas de la ciudad: la indispensable travesía del Tajo, que ofrece una visión casi marítima de Lisboa, la visita a la torre de Belem y al convento de los Jerónimos, obras maestras del estilo manuelino, el paseo por el parque Eduardo VII, con su espléndido invernadero de plantas tropicales, el recorrido por las colecciones del museo Calouste

Lisboa. Plaza del Rossio.

QUELUZ

Sintra. Palacio de Setais.

Gulbenkian, o de los museos nacionales de Arte Antiga y de los Coches, e incluso el breve viaje en tranvía hasta el evocador cementerio de los Prazeres. Todas ellas cautivarán al visitante de esa forma, implacable y sutil, tan característica de Lisboa.

Sintra

También desde Queluz, otra escapada muy atractiva lleva hasta Sintra, la aristocrática villa que fue residencia de varios monarcas, rodeada de un paisaje montañoso

Sintra.

cubierto de bosques. La zona de mayor solera o *vila velha* es un pequeño núcleo apiñado en torno al palacio nacional, complejo monumental presidido por dos grandes chimeneas cónicas, en el que se aprecian influencias del gótico, el mudéjar, el manuelino y el Renacimiento.

Otro de los palacios que han contribuido a la fama de la localidad es el castillo de la Pena, que se yergue, con su inconfundible perfil romántico, sobre una cima de la sierra de Sintra. El edificio, levantado a mediados del siglo XIX siguiendo las pautas de los castillos de Baviera, tiene sus muros decorados con tonalidades ocres y es una fantástica mezcla de elementos góticos y moriscos, que le dan un aire irreal en medio del brumoso parque de la Pena. Este gran espacio ajardinado ofrece también numerosos rincones, como el mirador de la Cruz Alta o el Chalet de la Condesa, que deben ser recorridos con calma.

A media ladera entre el palacio da Pena y Sintra se puede ver el castillo de los Mouros, construcción árabe del siglo VIII, que sufrió numerosas modificaciones a lo largo de su historia. Actualmente, es un conjunto de ruinas que incluye restos de una capilla románica, en un lugar cargado de encanto y con preciosas vistas.

Otras excursiones de interés

Más allá de Sintra, la sierra reúne una gran variedad de paisajes, desde la tupida vegetación que rodea la villa, hasta los precipicios descarnados del cabo de Roca, sobre el Atlántico. En la misma sierra, los conventos de los Capuchos y de la Peninha, también son dignos de una visita. Desde Queluz, hacia el sur, las localidades que bordean el Tajo ofrecen sorpresas, como Estoril y Cascais, donde se mezclan el ambiente veraniego y una decadente elegancia.

POUSADA DE SETÚBAL «SÃO FILIPE»

2900.- SETÚBAL

Conviene Saber

☎ (065) 52 38 44
52 49 81
Fax: (065) 53 25 38
Localización: En el antiguo castillo de São Filipe
Precio: Habitación 14.350-22.960 Pta

Cocina: sopa de pescado, salmonetes a la setubalense, *feijoada* de gambas y otras especialidades marineras
Postres: dulces de la región y tarta de naranja
Habitaciones: 13 dobles y 1 suite, algunas de ellas habilitadas en las antiguas celdas de la fortaleza.

Categoría
CH

Instalaciones

La Pousada de São Filipe

La pousada de S. Filipe, que ha sido habilitada en el castillo del mismo nombre, construido a finales del siglo XVI, se alza en un espectacular recodo del río Sado en su desembocadura entre el puerto de Setúbal y la estrecha península de Troia. El emplazamiento de la pousada, a la que se accede por un pasadizo a través de los gruesos muros de la fortaleza, permite recorrer la totalidad del baluarte y disfrutar de las perspectivas cambiantes de la cercana sierra de Arrábida, el estuario del Sado y el Atlántico.

Dentro del recinto amurallado se puede visitar la antigua capilla, con una bonita colección de azulejos, realizados por Policarpo de Oliveira en 1736, con pasajes de la vida de S. Filipe. Pero sin duda una de las experiencias más gratas que brinda esta pousada es la de pasar el tiempo bajo el entoldado, al atardecer, y observar el trasiego de barcos que cruzan el estuario, mientras se encienden las primeras luces de Setúbal y el puerto bulle en actividad.

La ciudad de Setúbal

El casco urbano de Setúbal ocupa una zona llana al borde del río, un lugar resguardado del océano que ya fue ocupado durante la Edad de Hierro y alcanzó un gran desarrollo en tiempos de los romanos, que aprovecharon la riqueza pesquera de la zona y crearon una próspera industria de salazón. Más tarde, los árabes eligieron otros asentamientos próximos, como Palmela, y Setúbal fue abandonado mientras sus tierras eran invadidas lentamente por las arenas depositadas por el Sado. Durante la época de los descubrimientos alcanzó un nuevo auge y comenzó su crecimiento como ciudad, pasando a jugar el papel de plaza fuerte cuando Felipe II ocupó el trono de Portugal y mandó construir el castillo de S. Filipe.

Durante el siglo XIX la industria y el comercio adquirieron mucha importancia y se fue configurando la actual ciudad, un entramado de calles, avenidas y plazuelas dividido por el bulevar de Luísa Todi, el elegante paseo ajardinado que separa la ciudad de la zona portuaria.

En el recorrido de la parte vieja, que se extiende entre la amplia plaza de Bocage, donde se dan cita diversos estilos arquitectónicos, y la plaza del Quebedo, el viajero tendrá ocasión de descubrir los pequeños comercios que abren sus puertas en la calle del Dr. Paula Borba, en el *largo* de la Misericórdia o en la calle de Antão Girão, y rincones tan encantadores como el *largo* del Dr. Francisco Soveral, una plaza recoleta cobijada a la sombra de un árbol centenario. Entre los edificios de mayor interés destaca la iglesia de Jesús, edificada a finales del siglo XV, en la que se mezclan el gótico y el manuelino con una buena dosis de fantasía. En el interior del templo sobresalen las columnas trenzadas sobre las que se apoya la cúpula, así como el conjunto de azulejos del siglo XVI y las estilizadas ventanas. Junto a la iglesia, ocupando el claustro del antiguo convento de Jesús, se ha instalado el Museo de Setúbal, que guarda una excelente colección de pintura de primitivos autores portugueses, de claras

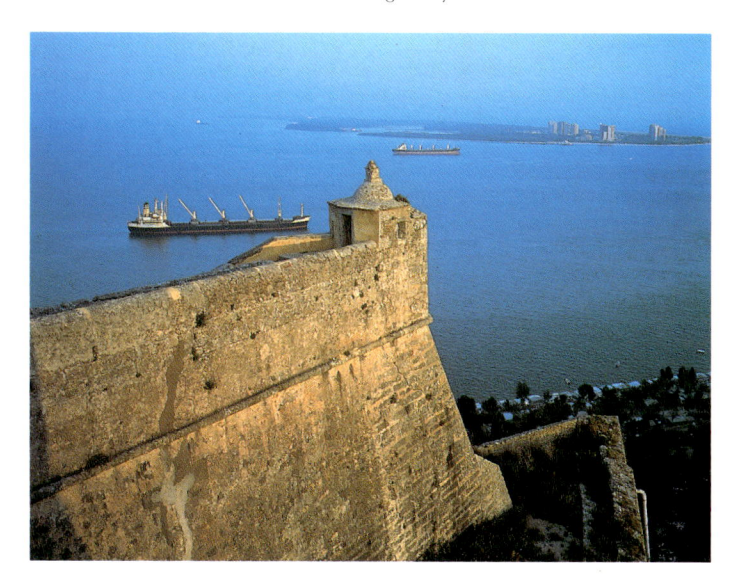

Castillo de São Filipe.

Azulejo en la Iglesia de Santa María.

influencias flamencas, así como azulejería de los siglos XV al XVIII, piezas de arqueología romana, objetos litúrgicos y una biblioteca con más de 12.000 volúmenes.

Otro edificio religioso que merece la atención del visitante es la iglesia de S. Julião, situada en la plaza del Bocage y que aún conserva su portada manuelina después de sucumbir al terremoto de 1755. En el otro extremo del casco viejo vale la pena acercarse al templo de Santa Maria da Graça, una imponente construcción de estilo clásico en cuyos muros se conservan paneles de azulejos del siglo XVIII. En la avenida Luísa Todi, el museo de Arqueología y Etnografía permite formarse una idea del remoto pasado de Setúbal y de la tradición pesquera y agrícola de la región, representada en labores de artesanía, objetos y miniaturas.

La reserva natural del Estuario del Sado

Pese a su rotundo carácter urbano, Setúbal ha tenido un crecimiento moderado y su entorno cuenta con dos grandes espacios naturales bajo protección, la sierra de Arrábida (del que se ofrece abundante información en el capítulo de Palmela) que se extiende hacia el oeste y culmina en la punta del cabo Espichel, y la reserva natural del Estuario del Sado, que envuelve el tramo final de este río.

El recorrido circular del estuario se puede iniciar cruzando el río sobre el "ferry" que une Setúbal con la península de Tróia. Al desembarcar en el extremo de esta angosta lengua de tierra de casi 20 kilómetros de longitud, habrá que tomar un pequeño desvío, a la izquierda, que conduce hasta las ruinas de Cetobriga. El recinto, situado al mismo borde del río, es uno de los testimonios más interesantes de la presencia romana en la zona y conserva numerosos

Estuario del Sado.

depósitos destinados a salar el pescado, así como restos de algunos edificios y tumbas antropomórficas.

De nuevo en la carretera de Tróia se va bordeando un conjunto de dunas hasta llegar a la localidad de Comporta, asentada en un paisaje de arrozal y con numerosas edificaciones, llenas de encanto, en las que el blanco y el azul se disputan el colorido de las fachadas. Cerca de Comporta, otro de los rincones singulares del estuario es el pueblo de Carrasqueira, donde aún se pueden ver algunas cabañas cubiertas con cañizo. Como prueba del antiguo aprovechamiento pesquero del Sado, Carrasqueira tiene además un puerto palafítico, una sorprendente red de muelles y embarcaderos de madera que parecen mantenerse en precario equilibrio sobre la superficie cenagosa.

A partir de aquí la carretera continúa por la ribera sur del estuario, entre fincas de arrozales, hasta las proximidades de Alcácer do Sal (ver capítulo de Torrão), donde se cruza el río para iniciar el recorrido por el norte de la reserva. Habrá que atravesar la pequeña *ribeira* de São Martinho y alcanzar el núcleo de Monte Novo de Palma para poder adentrarse en una de las áreas más atractivas del estuario, el monte de Pinheiro, una extensa finca de pinar y alcornoques, surcada de pistas de tierra, cuyo acceso debe solicitarse en la sede de la reserva natural (Plaza de la República. Setúbal).

El corazón de la zona es la heredad de Pinheiro, que integra una casona solariega y una serie de edificaciones rurales y reparte su actividad entre las labores agrícolas, la ganadería y la pesca. La conservación de las tareas tradicionales convierte esta parte de la reserva en una de las más ricas, ecológicamente, de todo el estuario. Numerosas variedades de ánades, como el pato real, garzas, aguiluchos lagunero, flamencos y otras aves frecuentan las zonas húmedas de la finca y algunos lagos, como el de Bem Pais, de gran belleza.

Otras excursiones de interés

De nuevo en la carretera que conduce hasta Setúbal, otras pequeñas pistas acercan al viajero a rincones de la reserva como el monte Zambujal, el Pontal de Musgos o el molino de mareas de la Mourisca, sede de un Ecomuseo del Valle del Sado, en cuyo entorno permanecen embarrancadas numerosas barcas de pesca, algunas de ellas abandonadas y cubiertas de herrumbre.

Setúbal. Comporta.

ALTO ALENTEJO

25. Crato — Flor da Rosa
26. Elvas — Santa Luzia
27. Estremoz — Rainha Santa Isabel
28. Évora — Os Lóios
29. Marvão — Santa Maria
30. Sousel — São Miguel

ALTO ALENTEJO

El Alentejo, que toma su nombre de la vasta extensión *más allá del Tejo*, cubre casi un tercio de la superficie del país y se reparte en dos provincias de características muy similares. El Alto Alentejo -que limita al norte con la Beira Baja y el Ribatejo- es una provincia interior de paisaje ondulado cubierta con interminables matas de alcornoques, encinar y olivares, que dan el característico perfil a estas tierras volcadas en el cultivo del cereal. El llamado *granero de Portugal* es además una de las zonas que muestran más claramente la huella de la presencia árabe, muy notable en la arquitectura popular, en la que predominan las casas bajas y encaladas, con los zócalos pintados de inconfundibles tonos ocres o azules. La vivienda alentejana, de adobe o de ladrillo, utiliza pequeñas puertas y ventanas para protegerse del calor, pero también tiene que hacer frente al duro invierno de la región con ayuda de grandes chimeneas, decoradas y a menudo redondas, que reciben el nombre de *mourão*

En medio del paisaje de planicie -austero pero de una espléndida belleza- propio del Alto Alentejo, destaca la solitaria zona montañosa de la sierra de São Mamede, cuya altura máxima alcanza los 1025 metros. Este conjunto montañoso, declarado parque natural, cuenta con un suelo impermeable que permite conservar la humedad y ha facilitado el desarrollo de una vegetación -castaños, sauces,...- muy distinta a la que caracteriza la zona baja.

Muy cerca de la sierra de S. Mamede se encuentra la frontera con España, bordeada por castillos, algunos de ellos aislados, que enlaza al sur con la barrera natural del Guadiana. Junto a las fortalezas, el Alto Alentejo tiene un denso patrimonio monumental que se remonta a los tiempos de la prehistoria, con valiosísimos conjuntos megalíticos, abundantes restos romanos y poblaciones de gran interés, como Évora, Estremoz, Castelo de Vide, Portalegre, Elvas o Marvão.

Gastronomía: Por supuesto ocupan un lugar importante los platos sencillos, como la sopa alentejana o las migas, pero también son famosos los embutidos procedentes del cerdo ibérico, así como los guisos fuertes, a base de cabrito, cerdo o carnero, preparados a la brasa o a la parrilla, y los platos de caza: perdiz y liebre. La mezcla de carne y pescado ha dado origen a originales guisos, como el cerdo con mejillones, y entre los dulces destacan los bollos de patata, los bizcochos y las pastas con miel. Los quesos suelen ser fuertes y a menudo, como el de Évora, mezclan la leche procedente de las cabras y las ovejas.

Artesanía: Son muy apreciables los barros de Estremoz, con una antiquísima tradición y figuras de gran colorido, y la cerámica de Nisa, cuyos adornos están hechos a base de piedrecillas blancas, colocadas con gran paciencia formando flores y grecas. Entre las obras de artesanía textil, tienen mucho prestigio los tapetes de Arraiolos y las tapicerías de Portalegre, mientras que en la zona de Évora son famosos los muebles: sillas, arcas, armarios,..., pintados a mano.

Fiestas: En Elvas gozan de una especial animación las fiestas de S. Mateus, del 20 al 27 de septiembre, con procesiones y concursos hípicos. En Fronteira, a finales de octubre, una feria reune a la gente de las aldeas para comprar y vender productos del campo. En Campo Maior, la primera semana de septiembre tiene lugar la fiesta de las Ruas, en la que las calles se adornan con infinidad de guirnaldas de colores. En Estremoz se hace una feria de artesanía durante el mes de julio y Castelo de Vide cuenta con un festival de Folclore, que se realiza el 15 de agosto. Entre las romerías, es famosa la de S. Bento, que se celebra en Alandroal poco después de Pascua.

POUSADA DE ELVAS «SANTA LUZIA»

7350.- ELVAS

Conviene Saber

☎ (068) 62 21 94
  62 21 28
Fax: (068) 62 21 27
Localización: A las afueras de la ciudad, en la carretera a Badajoz

Precio: Habitación 9.840-15.580 Pta
Cocina: bacalao dorado, morro de cerdo a la brasa
Postres: Sericá con ciruelas de Elvas
Habitaciones: 24 dobles y 1 suite

Categoría
C

Instalaciones

La Pousada de Santa Luzia

La pousada de Sta. Luzia, la primera que fue inaugurada en la red, es una sencilla edificación de planta baja y cubiertas de teja, a la que se accede por un pequeño torreón revestido de azulejos. La ambientación de los salones, a base de tonos cálidos y celosías de madera, y la decoración de los dormitorios, con mobiliario pintado en el ingenuo estilo de la región, hacen especialmente acogedora esta pousada, que conserva su aire de remanso pese a la proximidad de la carretera que conduce a España.

Elvas y los pueblos fronterizos

Elvas, cuyo sólido recinto se levanta muy cerca de la pousada, forma parte de una serie de enclaves fortificados que jugaron un papel de primer orden en la defensa de la frontera. Junto a las fortalezas de Sta. Luzia y de Graça, levantadas sobre dos colinas cercanas entre los siglos XVII y XVIII, se construyó el amurallamiento de la ciudad siguiendo la técnica de Vauban, dotándola de puertas de acceso, fosos y valuartes que ofrecían un aspecto inexpugnable.

Todavía hoy, el recinto de Elvas es un modelo de arquitectura militar y tras diversos avatares, ha servido para preservar el conjunto monumental, que reúne numerosos edificios de interés. En su centro se encuentra la animada plaza de la República, con un bonito pavimento de figuras geométricas formadas por el juego del gres, el basalto y el mármol. En torno a la plaza se levanta el Ayuntamiento y la iglesia de Nossa Sra. da Assunção, antigua catedral, inicialmente gótica y reformada en el siglo XVI en estilo manuelino.

Bordeando la iglesia, un breve paseo nos acerca al *largo* de Sta. Clara, una encantadora plazoleta en pendiente, rodeada de casas blasonadas y presidida por una picota de mármol labrado del siglo XVI. Entre las fachadas que dan a esta plaza llamará la atención del viajero la iglesia de Nossa Sra. da Consolação, joya renacentista que ocupa el lugar de una desaparecida ermita templaria. El edificio, de planta octogonal, tiene una cúpula apoyada sobre muros recubiertos de azulejos policromados del siglo XVII, así como un púlpito con una delicada barandilla de hierro forjado.

En la parte alta de la plaza se puede ver un arco con una galería y protegido por dos torreones, que forma parte de la antigua muralla árabe del siglo X y comunica con el barrio viejo, donde destaca la bonita calle de las Beatas, que nos acerca al castillo. Esta edificación, de origen árabe, fue reformada durante el siglo XIII y sufrió numerosas transformaciones posteriores, preservando su torre del homenaje, desde la que se tiene una excelente panorámica de la ciudad y las fortalezas cercanas.

Continuando el recorrido urbano, el visitante puede acercarse a uno de los conjuntos religiosos más antiguos

Elvas. Plaza de Sta. Clara.

de Elvas, el convento de S. Domingos, fundado a mediados del siglo XIII, en cuya iglesia destacan las grandes gárgolas góticas. El interior, de tres naves, es el más amplio de la ciudad y pese a algunos añadidos desafortunados muestra aún su altar gótico y algunas capillas recubiertas de azulejos. Por último, fuera de los muros de Elvas es casi obligado detenerse ante una de las obras civiles más espectaculares de la región, el acueducto de Amoreira, símbolo indiscutible de la ciudad, que se levanta a poca distancia de la pousada. La monumental obra, realizada entre 1498 y 1622, tiene 800 arcos y una longitud de más de 7 kilómetros y fue construida con ayuda de un impuesto, el *real d'agua*, que obligaba a cada vecino a pagar un real de más por cada cuartillo de vino y cada pieza de carne o pescado que consumiese.

Continuando viaje por la línea fronteriza, la carretera nos lleva a Campo Maior, a poco más de 16 kilómetros de Elvas. La villa, que se yergue sobre el terreno alrededor de su castillo, tiene un pasado árabe que ha dejado su huella inconfundible en la blancura de las casas y en el trazado de las callejas que rodean la fortaleza. Ésta fue mandada construir por el rey D. Dinis y cuenta con el insólito añadido de numerosas viviendas adosadas a los murallones, a modo de contrafuertes, destinadas inicialmente a los soldados y hoy ocupadas por familias humildes.

Entre otros edificios de valor, Campo Maior cuenta con una iglesia parroquial del siglo XVI, que exhibe un valioso tesoro de arte sacro y la capilla das Almas, revestida de huesos humanos. También merece la atención la iglesia de S. João Baptista, de planta octogonal, y el cercano castro de Segóvia, recinto amurallado de la Edad de Hierro.

A poca distancia de Campo Maior, el viajero que disponga de tiempo puede acercarse a Ouguela, localidad que también tiene un castillo y en cuyo recinto amurallado se pueden ver numerosos edificios medievales.

Borba y Vila Viçosa

En dirección opuesta, desde Elvas, otra excursión atractiva es la que nos acerca a Borba, villa de fundación celta muy rica en mármol, material abundante en sus fachadas y monumentos. Entre éstos destaca especialmente la iglesia parroquial, del siglo XV, con portal y columnas de mármol blanco y muros recubiertos de azulejos policromados, así como el templo de S. Bartolomeu, donde los mármoles han sido empleados profusamente en altares, escaleras, púlpitos y pilas de agua bendita. También es digno de mención el convento de las Servas da Ordem de Cristo, con su enorme claustro renacentista en cuyo centro se alza una fuente revestida de azulejos.

El conjunto monumental de Borba incluye además los restos de un castillo del siglo XIII, con su torre del homenaje, y la imponente fuente neoclásica de las Bicas, realizada enteramente con mármol blanco, además de las casas del casco antiguo, con patios, galerías y chimeneas de las más variadas formas.

Siguiendo ruta hacia Vila Viçosa, el

Campo Maior.

viajero llega enseguida a esta hermosa ciudad de amplias calles, que sirvió como lugar de residencia a los duques de Bragança y sede de la corte de algunos monarcas desde el siglo XV.

El edificio más representativo de la época de esplendor de la ciudad, hoy un poco venida a menos, es el palacio ducal, iniciado a comienzos del siglo XVI y dotado de dos alas perpendiculares: una destinada a las habitaciones reales y otra habilitada para mostrar una excelente colección de tapices, alfombras de Arraiolos, azulejos y cuadros de artistas portugueses, especialmente del siglo pasado. Formando parte del conjunto palaciego, destacan la capilla, el claustro manuelino, un pequeño museo de carrozas y los jardines, remarcados por setos de boj. Muy cerca del palacio está el convento de los Agustinos, en cuyo interior se pueden ver los sepulcros de los duques, realizados con mármoles blancos y negros. También en sus inmediaciones se conserva la inconfundible puerta manuelina de los Nudos, que formaba parte de un recinto amurallado del siglo XVI.

El núcleo más antiguo de Vila Viçosa está presidido por la fortaleza de D. Dinis, con murallas almenadas del siglo XIII que protegen las viejas casas. El castillo está rodeado de fosos y alberga un museo arqueológico en su segunda planta.

Retomando el trayecto de regreso a Elvas, es aconsejable desviarse a Juromenha, cuyo antiguo asentamiento, abandonado, muestra las ruinas de un pasado glorioso que se remonta a tiempos del César: las murallas, el castillo de origen musulmán y los restos de varias iglesias.

Otras excursiones de interés

La cercanía de la villa de Estremoz (descrita en el capítulo correspondiente de esta guía) invita a una escapada. En dirección a Monforte vale la pena detenerse en Barbacena, pueblo agradable en cuyo término se puede visitar la Heredad de Fontalva, un precioso palacete rural del siglo pasado, realizado por un arquitecto que trasladó el estilo piamontés a este rincón del Alentejo.

Heredad Fontalva.

POUSADA DE ESTREMOZ «RAINHA SANTA ISABEL»

7100.- ESTREMOZ

Conviene Saber

☎ (068) 33 20 75
Fax: (068) 33 20 79
Localización: En Estremoz. Se ve desde la carretera
Precio: Habitación 14.350-22.960 Pta

Cocina: lomo de cerdo con almejas, platos de caza (en temporada), chuletas de cordero con salsa de menta
Postre: pastel del convento de las clarisas
Habitaciones: 30 dobles y 3 suites

Categoría
CH

Instalaciones

La Pousada de la Rainha Santa Isabel

La pousada de Estremoz, que ofrece excelentes panorámicas de esta localidad alentejana, ocupa el histórico castillo, en la parte alta de la ciudad y muy cerca de la iglesia de Santa Maria. El acceso a su fachada principal, a través de una espaciosa plaza de empedrado, lo preside la sólida Torre del Homenaje, conocida también como *Torre de las tres Coronas* porque fue edificada, durante el siglo XIII, a lo largo de tres reinados. Ya en el interior del edificio destaca el luminoso patio, la bella escalera de mármol, la amplitud de los salones, adornados con tallas antiguas y numerosas puertas manuelinas, y el jardín, auténtico remanso de tranquilidad y mirador privilegiado sobre los ocres tejados de Estremoz.

ESTREMOZ

Estremoz. Pousada.

La fortaleza, cuya construcción data del año 1259, alojó a numerosos reyes y sirvió de última morada a la reina Isabel de Aragón que, ya anciana, murió en una de sus alcobas en 1336, después de un largo y agotador viaje desde Santiago de Compostela. La reina santa, esposa del rey Dinis, dejó su huella imborrable en la historia del edificio donde, según la leyenda, pasaba horas bordando junto a un balcón, ayudada por los pájaros que recogían el huso de hilar cuando éste caía al suelo.

Más tarde, el castillo albergó a un nieto de la reina, Pedro I, desconsolado por la muerte de su amada Inés de Castro, cuyo cadáver coronó en un arrebato de locura. Y con el paso de los siglos sus paredes fueron testigos mudos de romances adúlteros, fiestas cortesanas y acontecimientos históricos, como la audiencia real en la que Vasco de Gama obtuvo el mando de la expedición a las Indias.

Después de un largo periodo en el que el castillo sufrió incendios y saqueos y tuvo diferentes usos, en 1970 fue rehabilitado como pousada, convirtiéndose en uno de los establecimientos estrella de la red.

Estremoz, la ciudad de las 22 torres

El entorno del castillo corresponde al caserío medieval, envuelto por una muralla bien conservada de la que aún se mantienen en pie 22 torres. Dentro de este recinto destaca la iglesia parroquial de Santa María, del

Estremoz. Iglesia de Sta. María

Évoramonte.

siglo XVI, en cuyo interior se pueden ver algunas pinturas de la misma época y una preciosa pila de mármol.

Muy cerca del templo se levantan el Palacio de Audiencias de Don Dinis, joya del gótico manuelino, y el Museo Municipal de Arqueología y Etnografía, que también conserva elementos de este estilo. La colección del museo, donde se reúnen algunos de los famosos *bonecos* (muñecos) de barro policromado, tan característicos de la alfarería local, incluye entre sus obras más valiosas un panel de azulejos del siglo XVIII.

En los arrabales del recinto amurallado se extiende el popular barrio de Santiago, con estrechas calles adoquinadas y casas bajas, de un blanco luminoso. La parte baja de la ciudad corresponde al trazado del siglo XVIII, que gira en torno a la gran plaza del Rossio. En esta misma plaza están algunos de los edificios más interesantes de la ciudad, como la iglesia de S. Francisco, con capillas góticas y renacentistas, y el convento de los Congregados, ocupado actualmente por la Cámara Municipal y que conserva el claustro, la escalera y un agradable panel de azulejos.

En torno a la sierra de Ossa

Tomando la carretera que conduce a Évora (descrita ampliamente en otro capítulo de esta guía), a través de un paisaje de encinares, se llega a la pequeña localidad de Évoramonte, fortificación del siglo XIV encaramada sobre una elevación de la sierra de Ossa. El núcleo nuevo se extiende al borde del asfalto. Para llegar al antiguo hay que tomar un desvío y recorrer la empinada carretera que bordea la ermita de São Sebastião y que lleva hasta la Porta do Freixo, único acceso al encantador recinto de Évoramonte.

Nada más entrar, aparece a la derecha el castillo de origen romano, sometido a una restauración poco afortunada, y se inicia el recorrido de la calle que atraviesa de un extremo a otro el caserío y lleva hasta la iglesia de Sta. Maria. Junto al templo, una sencilla construcción del siglo XVI, las murallas ofrecen una indescriptible visión del entorno: vastas laderas cubiertas de olivos y matorral, salpicadas por el blanco de las casas de labor.

Otra población de interés próxima a la sierra de Ossa es Alandroal, situada en una zona de llanura a pocos kilómetros de la frontera española. La villa, fundada a finales del siglo XIII por la orden militar de Avis, puede ser recorrida por su recinto amurallado, dando un paseo que permite apreciar la calidad arquitectónica de esta obra defensiva, protegida por seis torreones y accesible a través de dos puertas de aire musulmán.

Dentro de la muralla se alza la iglesia parroquial de la Conceição, un templo del siglo XVI de gran simplicidad. A ella se suman otras edificaciones religiosas, entre las que destaca especialmente la ermita de S. Bento, levantada en un bello paraje cercano a la población y que es objeto de una popular romería, a la que se acude en busca de curación milagrosa para los males más diversos. Esta ermita, edificada en el año 1500, muestra un techo cubierto de curiosas pinturas policromadas, con imágenes en las que se mezclan los temas sagrados y cósmicos.

A pocos kilómetros de Alandroal, sobre una pequeña altura próxima al embalse de Lucefécit, está la villa de Terena, un pintoresco caserío citado por Alfonso X el Sabio en las Cantigas de Santa María. Conserva el castillo, recuerdo de la época en la que formaba parte del sistema defensivo del Guadiana y, sobre todo, la cuidada arquitectura que bordea la calle principal, embellecida por los tonos azules de las fachadas, las portadas góticas y los enrejados de las ventanas adornadas con flores.

El conjunto monumental de Terena incluye la Casa da Camara, con su puerta de mármol, la iglesia de la Misericórdia, cuya bóveda está completamente cubierta de pinturas al fresco, y el templo parroquial de S. Pedro, del siglo XVI, que guarda un tríptico renacentista en la sacristía y algunas interesantes tallas.

Muy cerca de Terena merece una escapada el santuario da Boa Nova, declarado monumento nacional, que fue edificado en 1340 para

Alandroal.

conmemorar la *buena nueva* de la ofensiva del ejército portugués contra los musulmanes. Es de estilo gótico, coronado por almenas y matacanes, y aún conserva en sus paredes algunas lápidas romanas procedentes del santuario Endovélico, un enclave arqueológico situado junto al embalse de Lucefécit.

El paisaje que bordea este pantano, de una belleza agreste, ofrece numerosas sorpresas: restos de viejos castros, necrópolis y pueblos fortificados, y merece por si sólo un recorrido antes de iniciar el camino de regreso a Estremoz.

Otras excursiones de interés

Una de las atalayas de la sierra de Ossa es el alto de S. Gens, situado a 650 metros y accesible por una pequeña carretera desde Estremoz. En las inmediaciones de este mirador natural, se encuentra el monasterio de S. Paulo, cenobio de fundación muy antigua, así como el dolmen de Candeeira, catalogado como uno de los monumentos megalíticos más interesantes del país, con algunas marcas de posible significado religioso. El visitante que disponga de tiempo para recorrer la región puede hacer una breve escala en Rio de Moinhos, una entrañable aldea de viviendas coloreadas con los tonos más inverosímiles. También cerca de Estremoz merecen una visita Borba y Vila Viçosa (descritas en el capítulo dedicado a Sousel).

POUSADA DE ÉVORA
«OS LÓIOS»

7000.- ÉVORA

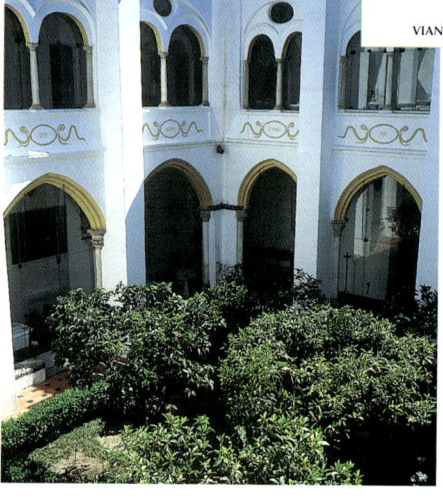

Conviene Saber

☎ (066) 24 051
24 052
Fax: (066) 27 248
Localización: En el centro de la ciudad, frente al Templo de Diana

Precio: Habitación 14.350-22.960 Pta.
Cocina: almejas a la Cataplana, mousse de pato, paloma en escabeche
Postres: pan de Rala
Habitaciones: 30 dobles y 1 suite

Categoría
CH

Instalaciones

La Pousada dos Lóios

La pousada dos Lóios, una de las joyas de esta red de alojamientos, ocupa el convento de S. João Evangelista, una fundación del siglo XV accesible a través de un elegante pórtico de columnas toscanas. El interior del convento, que recibe al viajero en un espacioso atrio decorado con sencillez, conserva numerosos elementos góticos y manuelinos, abundantes en el claustro -hoy comedor- que rodea un pequeño jardín con naranjos. La escalera de mármol, decorada con un precioso tapiz de Arraiolos, las galerías renacentistas que conducen a los dormitorios, la sala de estar, cubierta con frescos del siglo XVIII y la pequeña sala de la Fama, con su decoración de gusto barroco, son algunos de los rincones que contribuyen al carácter excepcional de esta pousada.

Évora, Jardines.

Évora

La ubicación del edificio en uno de los conjuntos monumentales más ricos del país, también le confiere un interés especial. La capital del Alto Alentejo, declarada por la Unesco Patrimonio de la Humanidad, es una amalgama donde se mezcla el legado romano y musulmán, con la activa vida artística desencadenada tras su elección como residencia de la corte a partir del siglo XII. Esas influencias tan diversas han creado una sucesión continua de rincones en los que predomina el gusto medieval y renacentista, a menudo sobre un escenario árabe de callejas cortadas por arcos, fachadas blancas y balcones con celosías.

El recorrido del casco antiguo, rodeado por las murallas, se puede iniciar en la misma pousada, emplazada junto a un estilizado templo romano consagrado a Diana. El monumento religioso, construido hacia el siglo II, ha conservado catorce columnas con bellos capiteles tallados en mármol de Estremoz y es actualmente uno de los símbolos de la ciudad.

Aneja al convento de los Lóios se levanta la iglesia, con portada gótico-flamígera y una nave revestida con azulejos de comienzos del siglo XVIII. Junto a ella se puede ver el palacio de los duques de Cadaval, integrado en el castillo viejo, del que conserva dos torres almenadas. La fortaleza, destruida durante las revueltas del siglo XIV y reedificada más tarde, fue testigo de los últimos momentos del duque de Bragança, condenado a muerte por rebelarse contra Juan II.

Otro de los edificios que forman parte de este núcleo es el Museo Regional, que ocupa el antiguo palacio arzobispal, del siglo XVI. En su interior exhibe una excelente muestra de arqueología romana, incluyendo un bajorrelieve con la figura de una vestal, así como estatuas medievales y tallas de la época manuelina. El segundo piso reúne la colección de pintura, con numerosas obras de autores flamencos y portugueses y un tríptico de la Pasión, del siglo XVI, realizado en esmaltes de Limoges.

A poca distancia de la pousada se encuentra también la catedral, construida hacia el siglo XIII - seguramente sobre una mezquita- y reformada entre los siglos XVI y XVII. En ella destaca la severa fachada de granito rosa y la portada, del siglo

XIV, con tallas de los apóstoles. En la visita del interior, de tres naves, merece la pena el recorrido del claustro, desde el que se observa la primitiva torre románica, y del museo catedralicio, con ricas piezas de orfebrería y una Virgen de marfil del siglo XIII.

Otros edificios religiosos que integran el denso patrimonio monumental de Évora son la iglesia renacentista de Nossa Sra. da Graça, el templo de las Mercês, transformado en museo de Artes Decorativas y el de S. Francisco, con su famosa capilla de los Ossos, creada por un franciscano hacia el siglo XVI y revestida de huesos y cráneos humanos para incitar a los visitantes a una tétrica meditación sobre el destino. La iglesia de la Misericórdia, con notables retablos barrocos, y los conventos de Santa Clara y del Calvário, ambos del siglo XVI, son también parte destacada de la ciudad.

El conjunto de obras civiles es igualmente valioso, incluyendo unas termas romanas, un acueducto de comienzos del siglo XVI, el propio recinto amurallado, que conserva partes romanas, medievales y del siglo XVII, así como la Universidad, barroca, con su bello claustro y su salón de actos, y numerosos palacios y casonas como el solar de los condes de Basto, la casa Soure o la mansión de los Condes de Portalegre.

El callejeo brinda además al visitante momentos muy agradables en la plaza del Giraldo, en cuyos soportales y cafés trascurre parte de la vida de la ciudad, o en el cuidado jardín público, donde se alza el palacio de D. Manuel, con su preciosa galería de las Damas.

Montemor-o-Novo y la ruta de los monumentos megalíticos

A partir de Évora se puede hacer una agradable excursión hasta Montemor-o-Novo, coronado por su antiquísimo recinto fortificado, que conoció el paso de romanos, árabes y cristianos y hoy es un excelente mirador sobre la sierra de Monfurado, al sur de la villa. Las murallas medievales, en las que destaca la torre del homenaje, encierran la iglesia de S. João Baptista, del siglo XIV y el convento de Nossa Sra. de Saudação, con un bonito templo. La iglesia parroquial está dedicada a S. Juan de Dios, el fundador de la orden del Hospital,

Évora. Templo de Diana.

nacido en esta ciudad y cuya estatua preside la plaza principal.

La riqueza arqueológica de la zona está representada en un notable museo, pero el visitante tendrá ocasión de disfrutar en vivo de uno de los recorridos megalíticos más atractivos del país, en una comarca donde se han censado más de 150 monumentos de este tipo.

La ruta, que describe un círculo entre Évora y Montemor-o-Novo, se puede iniciar en la pequeña capilla de São Brissos, próxima a Santiago do Escoural en la carretera que conduce hacia Valverde. La construcción, muy sencilla, no pasaría de ser una mínima ermita rural si no estuviera levantada sobre un dolmen, cuyo techo y paredes se adivinan en el perfil del atrio y que convierte a esta capilla en un singular caso de cristianización de un monumento megalítico.

Continuando en dirección a Valverde, se pasa junto a la necrópolis de Vale Rodrigo, con algunas cámaras funerarias dispersas, y pasada aquella localidad se llega a la gigantesca *mamoa* de Zambujeiro, templo funerario de más de 50 metros de diámetro que envuelve una cámara poligonal, actualmente protegida de las inclemencias del tiempo. En el interior de la *mamoa*, catalogada como la mayor de Europa, se descubrieron vasos de cerámica, cuentas y adornos de resina, instrumentos de cobre, puntas de sílex y numerosos hallazgos que se exhiben en el museo de Évora.

A partir de Valverde, habrá que dirigirse a Guadalupe para tomar una pista, señalizada y en buen estado, que conduce al conjunto de los Almendres, un espectacular recinto formado por 95 menhires, algunos de ellos con grabados geométricos y representaciones astrales. Las características de muchas de estas inscripciones, la curiosa formación concéntrica en la que están colocados los menhires y el aislamiento del conjunto en un paraje de monte arbolado, dan al lugar un encanto mágico y una capacidad de sugestión a los que el viajero no escapará fácilmente.

Otras excursiones de interés

Además de localidades como Viana do Alentejo, Monsaraz (ambas descritas en el capítulo de Alvito) y Évoramonte (sobre la que se da nutrida información en Estremoz), Évora es un buen punto de partida para hacer otras rutas por el Alto Alentejo. Entre ellas, los amantes de la artesanía tienen una cita inexcusable en Arraiolos, villa situada en las laderas de un cerro amurallado desde el siglo XIV, cuya producción de tapices y alfombras ha disfrutado de enorme prestigio desde la Edad Media.

Almendres.

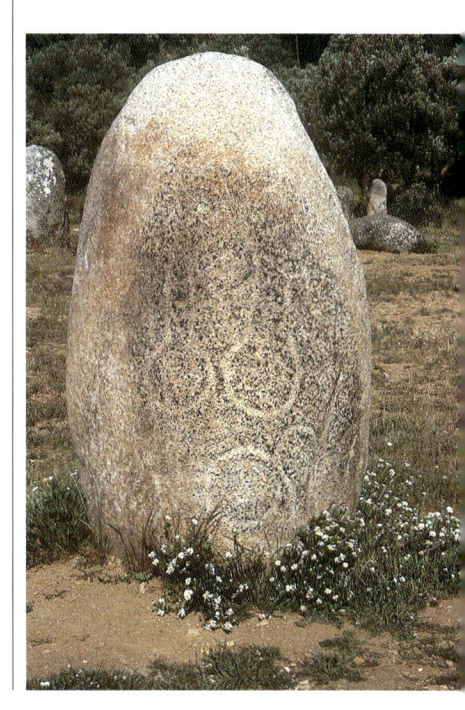

POUSADA DE CRATO
«FLOR DA ROSA»

7430.- CRATO

Conviene Saber

☎ (045) 99 72 10
Fax: (045) 99 72 12
Localización: En Flor da Rosa, en el monasterio
Precio: Habitación 14.350-22.960 Pta

Cocina: migas a la alentejana, fritada al modo de Portalegre, jardinera de ternera al estilo de Crato
Postres: barriga de monja
Habitaciones: 24 dobles

Categoría	Instalaciones
CH	

La Pousada de Flor da Rosa

La pousada de Flor da Rosa, una de las últimas que se han inaugurado, está emplazada en un imponente monasterio del siglo XIV de aspecto sobrio y elegante. El edificio, que perteneció a los caballeros de Malta y recibió de ésta orden militar la apariencia de fortaleza, cuenta con una iglesia de una sóla nave y gran altura, así como un pequeño claustro con bóvedas estrelladas y columnas de mármol. El conjunto está rodeado de murallas con torreones almenados y conserva también algunos sepulcros y una talla de la Virgen de las Nieves, de la misma época que el monasterio.

La situación de la pousada en la pequeña aldea de Flor da Rosa añade al establecimiento un cierto aire de lugar perdido, casi soñado, y brinda la ocasión de recorrer el caserío que conserva dos viejas fuentes del siglo XV, junto al convento, y una larga tradición alfarera en la que destaca la pieza conocida como *caçoila*, destinada a cocer alimentos.

Crato y Nisa

A partir de Flor da Rosa, un trayecto de 2 kilómetros nos separa de Crato, villa habitada en la antigüedad -posiblemente desde tiempos de los cartagineses- que pasaría a manos de la Orden del Hospital después de ser conquistada y perdida por los árabes. La villa, erguida sobre un cerro, apenas conserva restos del castillo y las murallas tras ser arrasada por Juan de Austria, pero su casco viejo reúne algunas casonas nobles, un palacete con torreones rodeado de jardín y una interesante iglesia parroquial.

El templo, en la parte más alta de la población, mantiene parte de su traza medieval aunque fue muy reformado en el siglo XV y en el XVIII, así como una buena colección de azulejos con temas religiosos y profanos, una lápida románica y una talla de la Piedad procedente de Rodas. No obstante, lo más sorprendente de la iglesia es el conjunto de gárgolas, en las que se mezcla toda la fantasía de la Edad Media con ciertos toques de procacidad.

Desde Crato, la carretera que une con Flor da Rosa sigue camino hacia Nisa, villa que quizás pase inadvertida al viajero, pero que conserva un pequeño núcleo histórico y algunos rincones agradables. Destruida en el siglo XIII por un hermano bastardo de D. Dinis, que más tarde la reconstruyó y la protegió con murallas, la Nisa medieval todavía conserva un puente sobre el río Figueiró, algunos paños del perímetro amurallado y dos puertas, de Montalvão y de la Villa, flanqueadas por sólidas torres y con blasones del siglo XIV.

Dentro del antiguo recinto destaca la plaza del Munícipio, donde se levanta el edificio del Ayuntamiento y una picota coronada por un sable. En los alrededores de esta plaza están las calles de mayor solera, con algunos portales góticos y, muy cerca de la muralla, se puede ver la iglesia parroquial de fachada renacentista.

Ya en el entorno del casco viejo, Nisa llama la atención del viajero por sus cuidados jardines, en los que se puede ver una fuente barroca y unos curiosos jarrones policromados. Por último, los aficionados a la artesanía tendrán ocasión de disfrutar de los ricos bordados y de una bella alfarería de barro rojizo, con grecas y dibujos hechos de pequeñas piedras blancas.

De regreso a Flor da Rosa, es aconsejable detenerse en Alpalhão,

Flor da Rosa. Claustro de la iglesia.

Crato. Detalle de la iglesia.

localidad que cuenta con la ermita de Nossa Sra. de Redonda, rodeada de grandes rocas graníticas, en la que se celebra una popular romería.

Portalegre

Desde Flor da Rosa, la carretera que conduce a Portalegre, a través de encinares y fincas de ganado bravo, nos acerca a la ermita de Nossa Sra. dos Mártires, una edificación neoclásica rodeada de olivos centenarios. El paraje, algo abandonado y con un pequeño cementerio, impresiona por su soledad y su silencio.

Tras bordear la ermita, la carretera continúa hacia la villa de Portalegre, situada a las puertas del parque natural de S. Mamede (ampliamente descrito en el capítulo de Marvão). La ciudad, uno de los conjuntos monumentales más atractivos de la región, pierde sus orígenes en el año 1.900 a. de C. cuando, según la leyenda, recaló en el lugar Lysias, un hijo del dios Baco que emprendió la construcción de un templo y una fortaleza en honor de su padre. La tradición cuenta que Lysias y su hija fueron sepultados en el templo, emplazado donde se levanta actualmente la ermita de S. Cristovão y que durante la construcción de la ermita, en el siglo XVIII, se descubrió una urna con las cenizas del legendario fundador de la ciudad.

Durante la Edad Media, dada su importancia estratégica, Portalegre fue fortificada por D. Dinis, que hizo construir un castillo y la doble muralla con 12 torres. Más tarde, en el siglo XVII la población alcanza una enorme fama por sus tejidos, que figuran entre los mejores del mundo y que aún se realizan en la Manufactura de Tapicerías, fábrica abierta al visitante, con sede en un antiguo convento jesuita.

Entre el patrimonio arquitectónico de Portalegre merece una especial atención el centro histórico, rodeado de las murallas, donde se encuentra la catedral, un hermoso templo renacentista con fachada barroca y un interior de tres naves, con azulejos, pinturas portuguesas y una talla gótica del siglo XIV. Junto a otras dependencias catedralicias destaca el claustro neoclásico y la sacristía, con mobiliario de época.

A un costado de la catedral, ocupando un antiguo seminario, abre sus puertas el Museo da Cidade, con muebles renacentistas, armas antiguas, objetos arqueológicos y una completísima colección de cerámica que incluye piezas árabes, italianas, portuguesas, españolas y flamencas. El barrio en el que está integrado este edificio y la catedral, reúne además espléndidos ejemplos de la arquitectura de los siglos XVII y XVIII, como el palacio Amarelo, con su bella rejería y una escalinata interior de mármol.

Extramuros, Portalegre ofrece la valiosa colección de arte del escritor José Regio, fallecido en 1969, que atesoró un museo particular de

Postalegre. Convento de S. Bernardo.

crucifijos, tallas y piezas de artesanía popular del Alentejo. Otro destino casi obligado es el convento de S. Bernardo, fundado en el siglo XVI y ocupado actualmente por el ejército. El conjunto conventual, al que se accede a través de un amplio patio presidido por una fuente renacentista, incluye la iglesia, con notables mausoleos y revestida de azulejos, y dos claustros, uno gótico manuelino y otro renacentista.

También es aconsejable la visita del convento de Nossa Sra. da Conceição, cuyo magnífico sepulcro de mármol de Estremoz, de 12 metros de altura, pasa por ser uno de los mayores monumentos funerarios del país.

El patrimonio de Portalegre incluye otros monumentos de valor, como la iglesia de S. Lourenço, la capilla del Espírito Santo y el templo del monasterio de S. Francisco. Pero el viajero que no disponga de tiempo para todos ellos tiene en cualquier caso dos citas ineludibles: la plaza del Rossio, centro vital de la ciudad, en cuyos jardines se yergue un plátano centenario, y el mirador de S. Cristovão, junto a esta ermita, desde donde se tiene una panorámica completa de la ciudad, que parece extenderse a los pies de su catedral.

Otras excursiones de interés

A partir de Flor da Rosa, el viajero puede acercarse a las bellas localidades de Castelo de Vide y Alter do Chão (descritas en los capítulos de Marvão y Sousel, respectivamente). En dirección a Castelo de Vide, pueblos como Fortios y Alagoa muestran buenos conjuntos de arquitectura popular alentejana. A poca distancia de Crato se encuentra también Aldeia da Mata, un pueblo agradable con un dolmen muy bien preservado. Bastante más alejada, hacia el norte, la villa de Amieira do Tejo conserva un buen conjunto de casonas, calles empedradas y un elegante castillo medieval con cuatro torres que formaba parte de la línea defensiva del Tajo.

POUSADA DE MARVÃO «SANTA MARIA»

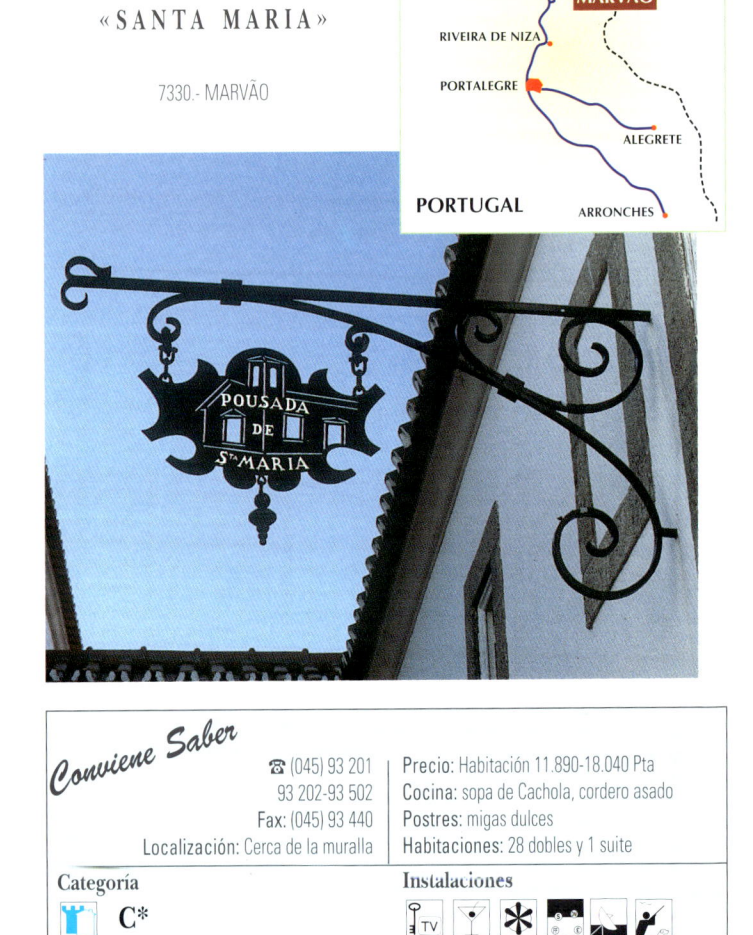

7330.- MARVÃO

Conviene Saber

☎ (045) 93 201
93 202-93 502
Fax: (045) 93 440
Localización: Cerca de la muralla

Precio: Habitación 11.890-18.040 Pta
Cocina: sopa de Cachola, cordero asado
Postres: migas dulces
Habitaciones: 28 dobles y 1 suite

Categoría
C*

Instalaciones

La Pousada de Santa Maria

La pousada de Santa Maria, en la histórica villa de Marvão, ha sido acondicionada en un caserón -antiguamente la vivienda del sacristán- que forma parte del núcleo de calles y edificaciones nobiliarias de esta vieja plaza fuerte. El interior del establecimiento, íntimo y acogedor, se abre a una terraza y un comedor con buenas panorámicas del caserío, encumbrado a más de 800 metros de altitud en plena sierra de S. Mamede y considerado como uno de los más bellos de Portugal.

MARVÃO

Marvão. Castillo.

Marvão. Dettale de una fachada.

El pueblo de Marvão, que en la Edad Media estaba destinado a la vigilancia de la frontera, es un entramado de callejones, ventanas manuelinas, tejados a distinto nivel y fachadas con balcones de hierro forjado, cuajados de flores, que parece dirigir los pasos del viajero hacia la calle del Espirito Santo, desde la que se llega al castillo. La edificación defensiva, de origen romano y muy modificada a finales del siglo XIII, está formada por una serie de recintos y una torre del homenaje a la que se accede por cuatro puertas fortificadas. El camino de ronda conduce hasta la torre, desde la que se ve el conjunto de murallas asomadas al vacío y la vista se pierde hasta alcanzar, los días claros, la sierra de Estrela.

A la entrada del castillo, se puede observar una cisterna iluminada por tres claraboyas y capaz de abastecer a los soldados y a la población durante seis meses. Muy cerca de la fortaleza, bordeando parte de las murallas, un cuidado jardín facilita el descanso del viajero. Concluyendo el recorrido de Marvão, merece una visita la iglesia de Nossa Sra. de Estrela, del siglo XV, que conserva la portada y el crucero de aquella época, así como el claustro y algunas tallas góticas.

Castelo de Vide

Otra de las localidades más atractivas a la que se puede acceder desde la pousada es Castelo de Vide, ciudad que conserva un variado patrimonio arquitectónico, escalonado en una suave colina a los pies del burgo medieval.

La presencia humana en el lugar, que se remonta a los tiempos del Neolítico, continuó siendo muy activa durante la ocupación romana, alcanzando su mayor esplendor durante la Edad Media, época en la que se instala en la ciudad una de las comunidades judías más numerosas del país.

La leyenda cuenta que los hebreos llegaron a la península hacia el siglo VI a. de C. tras la conquista de Jerusalén por Nabucodonosor. Pero los testimonios históricos y los hallazgos encontrados hasta la fecha, acreditan su presencia hacia el siglo VI de la era cristiana, cuando comienzan a crecer los asentamientos y se forman las primeras comunidades o *aljamas*, con sus propias sinagogas.

La judería de Castelo de Vide ocupa el sector de la ciudad comprendido entre la Fonte da Vila y el castillo, formado por algunas calles muy características: Judiaria, Fonte, Arçário, Mestre Jorge,..., que suben en una acusada pendiente. En lo alto de la rua da Fonte se conserva la sinagoga de dos pisos, en la que se distingue claramente el Tabernáculo, separado de la sala destinada a las mujeres. En el recorrido del barrio se pueden observar también algunas bonitas puertas con arcos ojivales y edificios muy evocadores de la vida de la comunidad judía.

La parte alta de la población está ocupada por el castillo, cuyos muros encierran un pequeño y encantador burgo de calles y fachadas plagadas de flores. Dentro del recinto, presidido por una monumental torre del homenaje, se pueden ver el edificio de los Paços do Concelho, levantado hacia el siglo XIV, y la iglesia de Nossa Sra. da Alegria, del siglo XVII, con un bello revestimiento de azulejos.

A partir del burgo, desde el que se tienen bonitas vistas de la ciudad, podemos iniciar el camino de regreso bajando hacia la Fonte da Vila, uno de los rincones más característicos de la parte baja, presidido por una fuente renacentista cubierta por un templete con columnas de mármol. A continuación, el visitante puede seguir el recorrido hacia la plaza de

Castelo de Vide.

D. Pedro V, donde se alzan algunos de los edificios civiles y religiosos más notables de la villa: la iglesia de Sta. Maria da Devesa, iniciada en el siglo XVII y los Paços do Concelho y el templo de S. João, de la misma época.

El tesoro monumental de Castelo de Vide incluye también el fuerte de S. Roque, del siglo XVIII, así como algunos palacios barrocos y numerosos templos: Sto. Amaro, S. Tiago Maior y S. Salvador do Mundo, éste último iniciado en el siglo XII y situado a las afueras. Otro lugar de interés es la ermita de Nossa Sra. da Penha, construida en un cerro a 4 kilómetros y considerada como el mejor mirador sobre la ciudad.

Parque natural de la Sierra de S. Mamede

Por su situación privilegiada en el centro de la sierra de S. Mamede, Marvão es un magnífico punto de partida para realizar excursiones por este espacio montañoso, cuya altitud, superior a los 1.000 metros, es el relieve más acusado del Alentejo.

Declarada parque natural en 1989, la sierra de S. Mamede reúne una gran riqueza paisajística, muy influida por el contraste entre los climas mediterráneo y atlántico, que han dado origen a una vegetación variada:

MARVÃO

Pueblo de la Sierra de S. Mamede.

encinar y robledal en las zonas bajas, castaños en las regiones más altas y viñedos y olivares en las tierras cultivadas. En este medio natural ha prosperado una fauna de gran interés, que incluye el venado, el gato montés y la gineta, además de aves como la cigüeña negra y el águila de Bonelli, raras en otros parajes.

El recorrido del parque desde Marvão se puede iniciar yendo hacia el sur, pasando por Portagem, con su puente romano, y por la pintoresca aldea de S. Salvador de Aramenha, muy próxima a la ciudad romana de Amaia, de la que quedan escasos vestigios arqueológicos. Continuando por la carretera, el viajero llega a Olhos de Agua, que posiblemente toma su nombre del cercano nacimiento del río Marvão. A partir de aquí la ruta prosigue hacia Porto da Espada, con buenas muestras de arquitectura tradicional, y bordea el río Xévora pegándose a la frontera española. Al llegar a Rabaça se puede tomar la carretera en dirección a Alegrete, que tiene castillo y recinto amurallado.

Si el viajero dispone de tiempo, merece la pena que haga una escapada a la bella localidad de Arronches, para acercarse a Esperança, en el extremo sur del parque, en cuyo entorno se conservan las pinturas rupestres de las sierras de Louçoes y Cavaleiros.

Desde Alegrete, en dirección al norte, se puede ir, bien bordeando el pico S. Mamede, junto al que se alza una agradable ermita, o bien por la ciudad monumental de Portalegre (descrita en el capítulo de Flor da Rosa). En este último caso, la ruta puede continuar por las localidades de Ribeira de Nisa, caserío tranquilo situado en un valle, y Carreiras, donde se conserva la tradición de bendecir los rebaños en S. João. Partiendo de este pueblo, merece una escapada la Fonte do Carvoeiro, desde donde se tiene una buena panorámica de esta zona del parque.

Otras excursiones de interés

En el entorno de Castelo de Vide, existe un interesantísimo recorrido prehistórico que sorprende incluso al viajero más experimentado. La ruta incluye, entre otras paradas de interés, el *parque megalítico* de Coureleiros -un conjunto de cuatro dólmenes accesibles por una pista próxima a Castelo de Vide- la necrópolis de Boa Morte, cercana a Póvoa de Meadas, y el menhir da Meada, emplazado en un predio de Sta. Maria da Devesa y catalogado, con sus 7,15 metros de envergadura y sus 15 toneladas de peso, como el mayor de la península ibérica.

Dólmenes.

POUSADA DE SOUSEL
«SÃO MIGUEL»

7470.- SOUSEL

Conviene Saber

☎ (068) 55 11 60
Fax: (068) 55 11 55
Localización: A 2 kms. de Sousel
Precio: Habitación 11.890-18.040 Pta

Cocina: terrina de pescado, milhojas de bacalao, platos de caza
Postres: ensopado de nueces
Habitaciones: 28 dobles y 4 suites, algunas con terraza

Categoría	Instalaciones
C*	

La pousada de São Miguel

Apenas dos kilómetros separan la villa de Sousel del cerro en el que se alza la pousada, en medio de un paisaje que recuerda la campiña andaluza. Pero esa distancia es suficiente para que el visitante se sienta en una especie de islote, rodeado de olivares que se extienden sobre las suaves ondulaciones del paisaje alentejano, perdiéndose en el horizonte.

La pousada de S. Miguel, un edificio de nueva planta que combina sabiamente el blanco inmaculado de los muros con el ocre de la teja y el terrazo, tiene un interior decorado con temas en los que abundan las referencias a las especies cinegéticas del entorno: desde el enorme jabalí disecado que preside el recibidor, hasta las distintas aves que dan nombre a las habitaciones. Pero su situación en una zona rica en caza, la convierte también en un observatorio sobre la naturaleza que rodea el edificio y cuyos sonidos llegan, limpiamente, a través de las ventanas de los dormitorios.

Avis y los caballos lusitanos de Alter do Chão

La proximidad de Sousel obliga a hacer una breve visita a esta agradable villa, en la que destaca la iglesia da Misericórdia, levantada en el siglo XIV y con preciosos azulejos del XVII. Alrededor de la iglesia, el caserío muestra su arquitectura, de una elegante simplicidad, con algunos rincones curiosos, como el rústico lavadero comunal aún en activo.

A partir de Sousel, una estrecha carretera lleva hasta Avis, a través de un paisaje en el que asoman, de cuando en cuando, bellas heredades rurales. La localidad de Avis se levanta sobre una colina, al borde de la presa de Maranhão y en la confluencia de los ríos Seda y Avis, con buenas panorámicas de la zona.

La historia de la población está muy unida a la orden de caballería de Avis, creada a mediados del siglo XII para combatir a los musulmanes y considerada como una de las más antiguas de Europa. Su presencia en la localidad está documentada desde el siglo XII y ha dejado algunos testimonios en el patrimonio monumental de la villa.

En él destaca la iglesia, que guarda los sepulcros de algunos de los grandes maestres de la orden y un valioso tesoro de arte sacro, con un relicario de plata del siglo XV. También la picota, del siglo XVII, y los restos del castillo y las muralllas, merecen la atención del viajero

A partir de Avis, conviene dirigirse al norte bordeando el estrecho pantano de Maranhão y desviarse a Alter do Chão, ciudad romana creada junto a la vía militar que enlazaba Mérida y Lisboa y destruida más tarde por Adriano, en represalia por haberse rebelado contra su imperio.

Hacia el siglo XIII, la ciudad fue reconstruida de nuevo y creció en torno a su castillo, una edificación de aspecto macizo con portadas góticas y torreones cilíndricos. A su costado se encuentra un amplio espacio formado por las plazoletas de Barreto Caldeira y de la Fontinha, ésta última con una bonita fuente de mármol renacentista, cubierta con un tejado

Avis.

Camino de Avis a Alter do Chão.

sustentado por columnas.

Entre las fachadas que rodean estas plazas se alza el palacio del Alamo, calificado como uno de los más bellos edificios barrocos del Alentejo. Fue construido en el año 1649 y cuenta con graciosas ventanas, adornadas con barandillas de hierro forjado, así como con un amplio jardín y dependencias que actualmente acogen una galería, la biblioteca pública, la oficina de turismo y un taller de restauración de muebles, entre otros servicios municipales.

Este palacio no es el único que se conserva en Alter do Chão, donde también se pueden ver otras edificaciones nobiliarias en la llamada *rua* Larga y en las aledañas. El recorrido de estas tranquilas calles y del entorno del palacio del Alamo deparará gratas sorpresas al viajero, como la picota manuelina, declarada monumento nacional, y algunas pequeñas iglesias, entre ellas la de Nossa Sra. da Alegría, que mantiene su primitivo portal renacentista, o la capilla de la Misericórdia, con su arco de crucero revestido de bellos azulejos del siglo XVIII.

En las cercanías de Alter do Chão, una breve escapada nos puede llevar a Alter Pedroso, localidad que reúne buenos ejemplos de la vivienda alentejana, con sus puertas y ventanas remarcadas con tonalidades muy vivas. El pueblo conserva además las ruinas de su castillo, una fortaleza que formaba parte de la línea defensiva frente a España y fue destruida por las tropas de Juan de Austria en el siglo XVII.

También próximo a Alter do Chão, otro de los lugares que deben reclamar la atención del visitante es la *Coudelaria Real*, una amplia finca destinada a la cría caballar, fundada en 1758, cuando entre la aristocracia europea se extendió la moda de tener caballos de raza.

Inicialmente, la Coudelaria se creó para satisfaccer las necesidades de la corte portuguesa, empleando ejemplares de raza andaluza. Pero posteriores cruces dieron origen a una raza lusitana que fue adquiriendo prestigio entre los entendidos. Trascurrido el siglo pasado y después de una época de decadencia, la Coudelaria se recuperó y emprendió la creación de una Escuela Portuguesa de Arte Ecuestre que actualmente hace exhibiciones periódicas.

La visita a la finca, donde hay numerosas edificaciones: casa de carruajes, oficinas, caballerizas y una capilla real decoradas con tonos ocres, brinda el espectáculo de las manadas de caballos, pastando o trotando libremente en el medio natural.

Monforte y la villa romana de Torre de Palma

A partir de Sousel, otro destino atractivo es la localidad de Monforte, a la que conviene llegar pasando por Veiros, pueblo que cuenta con una fortaleza medieval en la que nació el primer duque de Bragança. De este recinto quedan algunos lienzos en buenas condiciones, así como la puerta del Sol y la llamada Torrela del Relógio, aneja a la iglesia del Salvador, el edificio religioso más notable de Veiros, con algunas capillas y sepulturas de interés.

Siguiendo por la carretera que conduce a Portalegre pronto se llega a Monforte, población de origen muy antiguo, a juzgar por los vestigios prehistóricos hallados en su término. El casco viejo, un recinto mínimo parcialmente rodeado por una muralla, conserva algunos caserones de interés, como la peculiar casa del Prior, del siglo XVII, con bonitos adornos en la fachada aunque algo descuidada.

Entre los edificios religiosos, destacan la iglesia de la Conceição, de estilo manuelino-mudéjar, y la de la Madalena, del siglo XV, en cuyo interior se pueden ver vestigios de los frescos y esgrafiados que cubrían los muros. Pero sin duda la obra más singular de la arquitectura ligada al culto es la minúscula Capela dos Ossos, aneja a la iglesia parroquial y cubierta -al igual que otras capillas portuguesas- de calaveras y huesos humanos.

La riqueza arqueológica de la zona está bien representada en un paraje situado a unos 5 kilómetros de Monforte, donde se encuentran las ruinas de Torre de Palma, una rica villa agrícola que, según las inscripciones, perteneció a varias familias romanas. El conjunto de edificaciones, descubierto a finales de los años 40 a partir del simple fragmento de un capitel, estaba formado por un gran patio porticado con columnas, una basílica, unas termas con sala de ejercicios y almacenes dedicados a las tareas del campo, con lagar de aceite, cocinas y establos. Pero el atractivo excepcional de Torre de Palma es la villa urbana, con una compleja red de dependencias: sala de recepción, comedor, sala de reunión, patio ajardinado,..., en cuyos pavimentos se pueden ver aún mosaicos de gran belleza, como el monumental Mosaico de las Musas.

Otras excursiones de interés

La proximidad de Estremoz (descrita en el capítulo correspondiente) invita a acercarse a esta notable ciudad alentejana. También a poca distancia de Sousel se encuentra Fronteira, con una iglesia parroquial datada en el siglo XVI y un núcleo de callejones y casas coronadas con sus características chimeneas.

Coudelaria Real.

BAIXO ALENTEJO E ALGARVE

31.	Alvito	Castelo de Alvito
32.	Beja	São Francisco
33.	Sagres	Do Infante
34.	Sta. Clara-a-Velha	Santa Clara
35.	Santiago do Cacém	São Tiago
36.	Santiago do Cacém	Quinta da Ortiga
37.	São Brás de Alportel	São Bras
38.	Serpa	Sao Gens
39.	Torrão	Vale do Gaio

ALENTEJO, BAIXO ALENTEJO E ALGARVE

BAJO ALENTEJO Y ALGARVE

El Bajo Alentejo, junto con el Algarve, ocupa la zona más meridional del país, un territorio que, hacia el oeste, se asoma al Atlántico a través de grandes acantilados y hacia el sur culmina en un litoral de playas salpicadas de rocas y caprichosas formaciones geológicas. El Bajo Alentejo, de relieve muy similar al resto de la región alentejana, es una interminable planicie donde se prodigan los cultivos de cereal, que dan sus característicos tonos dorados al paisaje, atravesado por un largo tramo del Guadiana. En las proximidades del litoral, el territorio se vuelve más inhóspito y de una belleza primitiva, con esporádicos altozanos en los que el viento sopla con fuerza y aún se pueden ver pequeños molinos.

El Algarve, por el contrario, es una región con abundantes cultivos, aunque su principal fuente de riqueza es el turismo, que ha transformado -a veces desafortunadamente- la fisonomía de la costa. No obstante, pese a las numerosas urbanizaciones que bordean el mar, la franja litoral cuenta con un espacio protegido, el parque natural de Ría Formosa, formado por grandes zonas de marisma y un cordón de islotes arenosos, que constituye un paraíso para los observadores de la fauna. Otra de las zonas que disfrutan de una naturaleza poco alterada es el cabo de S. Vicente, el legendario extremo del país, rodeado de impresionantes farallones. Más hacia el interior, la sierra de Monchique constituye un auténtico oasis de arbolado y alberga una bonita estación termal de antiquísima tradición.

La presencia musulmana, al igual que en el Alto Alentejo, ha dejado un testimonio muy marcado en los pueblos blancos del sur de Portugal, con casas cubiertas de teja árabe en las que destacan las chimeneas, generalmente rematadas en filigranas. El trazado sinuoso de las calles, la abundancia de iglesias levantadas sobre antiguas mezquitas y las numerosas fortalezas, son también parte de ese legado, muy patente en ciudades como Beja, Serpa, Mértola, Faro y Lagos, así como en las pequeñas localidades del interior.

Gastronomía: La cercanía del mar influye en buena parte de la cocina de la región, en la que prevalecen los guisos - sopas y arroces- con almejas, así como los calamares en su tinta, las calderetas de pescado, las sardinas asadas y el atún preparado de distintas formas. Entre los dulces, de clara influencia árabe, destacan los *morgados*, una especie de mazapanes en los que se mezcla la almendra y la fruta, y los higos, utilizados también de formas muy distintas. Los vinos, procedentes de los viñedos de Monchique o Caldeirão, alcanzan una calidad apreciable en Lagoa, donde se producen buenos caldos de aperitivo.

Artesanía: También de clara herencia musulmana en el caso de los trabajos sobre cobre, bronce y latón, que se realizan golpeando con un martillo sobre una lámina muy fina. Una de las piezas más características es la *cataplana*, una especie de sartén, con la tapa labrada, empleada para guisar marisco. Junto a los objetos de palma y mimbre, también destacan las tallas de madera de Monchique, así como la alfarería de Almancil, que incluye ollas, cántaros, botijos y las graciosas chimeneas del Algarve.

Fiestas: En Barrancos tiene una vieja tradición la hoguera de Navidad, que se prepara muchos días antes con la participación de todo el pueblo. En Mértola, el 6 de junio se celebra la fiesta de la Senhora das Neves, con una procesión que parte de la antigua mezquita. En Santiago do Cacém es muy popular la Feira do Monte, que se celebra durante tres días a principios de septiembre. El Carnaval de Loulé, muy colorista, es famoso en todo el país, al igual que la feria de Vila do Bispo, que se celebra la tercera semana de septiembre y permite adquirir variados productos de la región.

POUSADA DE ALVITO
«CASTELO DE ALVITO»

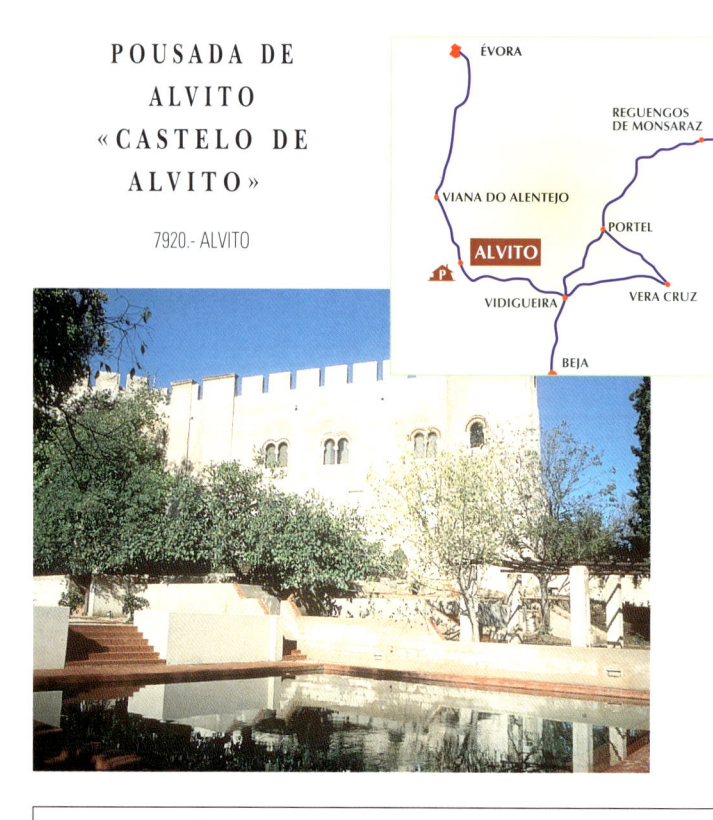

7920.- ALVITO

Conviene Saber

☎ (084) 48 343
48 50 01-48 50 02
Fax: (084) 48 383
Localización: castillo de Alvito
Precio: Habitación 14.350-22.960 Pta

Cocina: tomate relleno, bacalao al Marqués de Alvito, lomo de cerdo al herrero
Postres: quesitos de hostia
Habitaciones: 20 dobles

Categoría	Instalaciones
CH	TV ❋ … … … …

La Pousada do Castelo de Alvito

La pousada de Alvito, inaugurada en 1993, ocupa un castillo del siglo XV, levantado por iniciativa de João Fernandes da Silveira, primer Barón de Alvito, que incorporó a la edificación el gusto de la época, mezclando elementos mudéjares, góticos y manuelinos. A lo largo de su historia, la fortaleza palaciega de planta cuadrangular y con un torreón redondo en cada esquina, serviría de residencia ocasional para numerosos monarcas. A mediados del siglo pasado, tras ser atacado en diversas ocasiones, pasó por una larga época de abandono, del que fue recuperado tras su declaración como Monumento Nacional y su reciente transformación en pousada.

ALVITO

El nuevo uso del edificio ha respetado en buena medida su estructura original, habilitando el comedor junto al bonito patio, de aire italiano y adornado con esbeltos cipreses, y acondicionando las habitaciones con muebles clásicos y con un generoso aprovechamiento del espacio, en el que destacan los torreones, convertidos en vestidores.

Las instalaciones incluyen un jardín, por el que discurre el agua canalizada para regar naranjos y viñas y que, en su sobriedad, recuerda el paisaje de la región. Desde las ventanas y las torres del castillo, el caserío de Alvito se muestra al visitante con esa agradable simplicidad tan característica de los pueblos alentejanos.

Emplazado sobre una elevación cercana al río Odivelas, Alvito conserva algunos rincones de entrañable arquitectura popular, en los que el viajero observador descubrirá pequeños portales manuelinos, chimeneas y blasones.

Entre otros edificios religiosos de interés, la villa cuenta con una elegante iglesia parroquial, con tres naves separadas por arcos ojivales y revestidas de azulejos del siglo XVII, y dos bellos retablos de la misma época. En el paseo monumental también merecen la atención las ermitas de S. Sebastião, fortificada, y de Sta. Luzia, con una cúpula bulbosa que recuerda su origen árabe y preciosos frescos del siglo XVII. Por último, tampoco se debe pasar por alto la capilla de Nossa Sra. das Candeias, revestida con unos curiosos azulejos de temas profanos.

Viana do Alentejo

Desde Alvito, atravesando un paisaje donde predomina el alcornocal, se llega a la localidad de Viana do Alentejo, con una antigua tradición de romerías que ha incorporado varios templos al patrimonio arquitectónico de la villa. Ésta destaca, en primer lugar, por el castillo, construido por D. Dinis y dotado de una planta pentagonal, con murallas y una torre en cada esquina. Integrada en el recinto está la iglesia de Nossa Sra. da Assunção, en la que se mezclan de nuevo elementos mudéjares, góticos y manuelinos, y cuya fachada incluye una preciosa portada manuelina finamente tallada. En el interior sobresale la capilla funeraria de un caballero del siglo XVI y la riqueza ornamental, que incluye altares de talla dorada,

Viana do Alentejo.

paredes cubiertas de azulejos sevillanos, restos de vidrieras y capiteles.

El recorrido del casco urbano de Viana do Alentejo pasa también por la fuente de las Freiras, situada en una plaza que parece reunir buena parte de la animación local. Las calles que la rodean, bordeadas de viviendas encaladas, son también un buen retrato de la vitalidad de esta villa que mantiene su carácter agrícola desde el tiempo de los romanos.

A 2 kilómetros de Viana se alza uno de los edificios más singulares de la región, el santuario de Nossa Sra. d'Aires, soberbia edificación del siglo XVIII cuyas dimensiones resaltan en medio del campo. El templo, que guarda dos aras romanas, un retablo de mármol y una completa colección de exvotos, fue levantado sobre una capilla templaria de la que ya existen referencias en el siglo XIV. En ella se veneraba una imagen de la Virgen que todavía se conserva y que disfruta de una larga tradición milagrera.

La creencia popular en torno a la imagen ha dado pie a una de las romerías más concurridas del país, desde que, estando la ciudad de Évora asolada por una epidemia de peste, sus habitantes pidieron a la Virgen que acabara con ella y así lo hizo. Los comerciantes de la ciudad, que habían prometido grandes festejos si el milagro se cumplía, fueron de romería a la ermita y celebraron una fiesta que duró tres días. Desde entonces, la romería se celebró año tras año, haciéndose famosa en todo el país y llegando hasta nuestros días, puntualmente, el cuarto domingo de septiembre.

La visita al santuario, junto al que siguen en pie las ruinas de una rara edificación de piedra rodeada de olivos retorcidos, deparará posiblemente una grata sorpresa al viajero que se acerque a Viana. De regreso a Alvito tampoco hay que descartar una breve parada en Vila Nova de Baronia, con su blanco caserío y una recoleta plaza empedrada, presidida por la picota manuelina.

Por tierras de Monsaraz

A quien tenga ánimos para hacer un viaje más largo, le resultará muy atractivo el trayecto que conduce hasta Monsaraz, localidad muy próxima al Guadiana y a la línea fronteriza. El recorrido pasa en primer lugar por Vidigueira, población famosa por su excelente *vinho verde*, y continúa hacia Portel, pueblo que conserva su castillo medieval muy reformado durante el siglo XVI, y parte del recinto amurallado con dos puertas: la de Beja y la Torre del Reloj, adornadas con arcos de mármol. El patrimonio religioso de Portel, muy rico, incluye la iglesia parroquial barroca, el templo del Espirito Santo, construido en el siglo XVI, de estilo renacentista, y el monasterio de Nossa Sra. do Socorro, en cuya iglesia se conservan varios sepulcros blasonados.

Siguiendo la ruta, habrá que desviarse hacia Reguengos de Monsaraz, villa de fundación reciente, situada en el centro de un vasto

Portel.

Portel. Castillo.

Vila Nova de Baronia.

complejo megalítico en el que destacan los dólmenes de Comenda, Farisoa y Cebolhino y los menhires de Outeiro y Belhoa, éstos últimos próximos a Monsaraz. Esta villa, situada a 15 kilómetros de Reguengos, constituye un verdadero hallazgo para el visitante y justifica por sí sóla el viaje desde Alvito.

Monsaraz, uno de los más notables castros lusitanos, ocupado por romanos, visigodos y árabes, y erguido sobre una roca que domina el valle del Guadiana, es hoy una aldea abandonada que ha conservado intacto su recinto fortificado. En su interior destaca la rua Direita, que reúne una serie de caserones de los siglos XVI y XVII, con escaleras exteriores, balcones de hierro forjado y fachadas blanqueadas, con escudos nobiliarios. En la misma calle se puede ver el edificio del antiguo Tribunal, con sus puertas y ventanas ojivales, cuyo interior guarda un curioso fresco que representa la buena y la mala justicia, ésta última con un bastón retorcido.

Otra de las calles que merecen ser recorridas es la del Castillo, que conduce hasta la fortaleza del siglo XIII, dotada de una segunda muralla y transitable por el camino de ronda que ofrece bellas panorámicas del entorno. Por último, también destaca la plaza, en la que se alzan la iglesia parroquial, con un bello sepulcro del siglo XIV, y el hospital de la Misericordia, que conserva una sala de reuniones y una capilla con numerosos exvotos.

A partir de Monsaraz, antes de iniciar el regreso, es aconsejable hacer una escapada a Mourão, otro pueblo fortificado junto al Guadiana, con su empinado caserío en torno a un castillo de la orden del Hospital.

Otras excursiones de interés

Tanto Beja como Évora (ver capítulos correspondientes) son destinos muy atractivos para el viajero que se aloja en la pousada de Alvito. Para quienes prefieren las distancias cortas, son muy aconsejables dos escapadas: la Quinta de Água de Peixes, precioso solar rural del siglo XV, de estilo mudéjar, y las ruinas de S. Cucufate, próximas a Vidigueira, consideradas como un buen testimonio del aprovechamiento agrícola de la región en tiempos de los romanos.

POUSADA DE BEJA
«SÃO FRANCISCO»

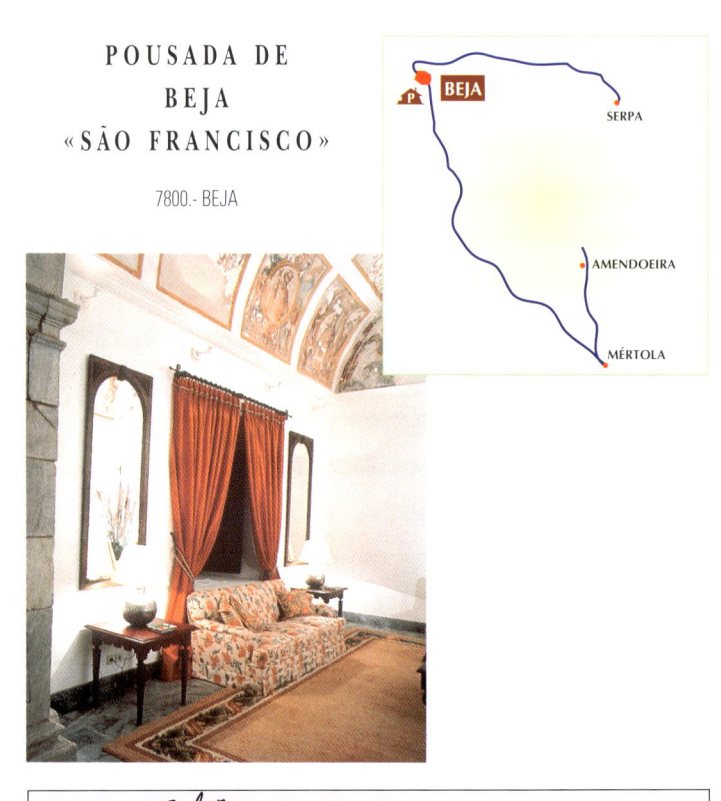

7800.- BEJA

Conviene Saber

☎ (084) 32 84 41
Fax: (084) 32 91 43
Localización: en el casco histórico de Beja
Precio: Habitación 17.500-22.960 Ptas.

Cocina: fritada del mar y de la huerta, salmón escalfado con salsa de hierbas y filete a la pimienta flambeado
Postre: dulces conventuales de Beja
Habitaciones: 34 dobles y 1 suite

Categoría
CH

Instalaciones

La Pousada de São Francisco

La pousada de S. Francisco, inaugurada en 1994 y situada en el casco histórico de Beja, ocupa las dependencias de un espacioso convento fundado en el siglo XIII y unido al rey D. Dinis, que mandó erigir un templo en este lugar. Más tarde, el edificio sufrió diversos cambios; en el siglo XVI se hizo el claustro y el refectorio, manuelinos, y un siglo más tarde se construyó la iglesia, de estilo manierista.

Al adaptarlo a su nuevo uso, la rehabilitación del convento ha puesto de relieve la sobria belleza de la fachada y ha permitido recuperar buena parte de sus dependencias, aprovechando sabiamente la principal *materia prima* de la región: la luz, que llena de claridad el claustro, la galería superior y el patio ajardinado.

Convento Ntra. Sra. de la Conceição.

La ciudad de la monja enamorada

La historia de Beja tuvo momentos excepcionales durante la ocupación romana, cuando recibió el nombre de Pax Julia, y más tarde bajo la presencia visigótica y musulmana, particularmente ésta última, que duró cinco siglos y legó figuras de la talla de Al-mu'tamide, el poeta que reinó en Sevilla durante el siglo XI.

Pero curiosamente la ciudad que ha llegado a nuestros días, más que por grandes hechos, está marcada por una breve historia pasional acaecida durante el siglo XVII: el idilio entre un oficial francés y Mariana Alcoforado, la religiosa del convento de la Conceição que acabó escribiendo a su amante las emocionadas *Cartas portuguesas*. Consideradas como una obra maestra de la literatura amorosa, traducidas a numerosos idiomas y editadas en centenares de ocasiones, las cinco cartas atribuidas a la monja han llenado de sutil romanticismo la memoria de la ciudad.

Durante la visita a Beja, el viajero no debe pasar por alto esta herencia poética, que le acompañará durante el recorrido del núcleo histórico. Éste se puede iniciar en el mismo convento de la Conceição, fundado a mediados del siglo XV y en cuyo exterior destaca la fachada de la iglesia, de estilo gótico flamígero, y los elementos decorativos manuelinos. El interior, enriquecido durante los siglos XVII y XVIII es de un barroquismo apabullante y llama

Pulo do Lobo.

Beja. Artesano del cobre.

la atención por sus bellísimos paneles de azulejos, sobre todo en el claustro y por la profusa ornamentación del altar de S. João Baptista, realizada con mármoles de colores al gusto florentino, así como de la Sala do Capítulo, cubierta también de azulejos y con espléndidos techos abovedados.

Las dependencias del convento albergan además el museo regional de Beja, que atesora una excelente colección de piezas arqueológicas: aras, estatuas, capiteles y mosaicos de la antigua Pax Julia, además de numerosas tallas de imaginería y cuadros de maestros holandeses, primitivos portugueses y algunos autores españoles, entre ellos el *tenebrista* Ribera. En la planta superior del museo se pueden ver objetos de la Edad de Bronce y posteriores así como la evocadora ventana, desde la que Mariana veía a su enamorado a través de una sencilla celosía de madera.

Muy próxima al convento se alza la iglesia de Sta. María, fundada en el siglo XIII y con elementos del llamado gótico alentejano. A partir de ella, un breve recorrido por las callejas nos acerca a la plaza de la República, centro de la ciudad antigua, donde se alza la picota manuelina y una bella arquería del mismo estilo. Uno de los extremos de la plaza está presidido por la imponente iglesia de la Misericórdia, renacentista, que ocupa un edificio ideado en principio para servir de matadero.

Otro de los núcleos monumentales de interés es el que forman la catedral -antigua iglesia de S. Tiago- muy alterada a comienzos de este siglo, el arco romano de las puertas de Évora y el castillo, con su elegante torre del homenaje de más de 30 metros, que destaca sobre el perfil de la ciudad. El castillo conserva también la plaza de armas, con un bonito edificio del siglo XV habilitado como museo militar, y algunos fragmentos de los muros defensivos, integrados en el cerco de murallas que rodean parcialmente la ciudad.

En el cercano *largo* de Sto. Amaro se alza la iglesia dedicada a este santo, una de las basílicas paleocristianas más antiguas de la región. En su interior, formado por tres naves y con hermosos capiteles visigóticos, se ha instalado un museo, de características únicas en todo el país, que recoge piezas datadas entre el siglo IV y el VIII, antes de la dominación musulmana.

El rico patrimonio monumental de Beja ofrece otros edificios de interés, pero el visitante que tenga ocasión de pasear disfrutará además del encanto de muchos rincones: la pequeña judería que tenía como centro la calle de Guia, cerca del castillo, la preciosa ventana manuelina de la *rua* de los Mercadores, la recoleta *travessa* del Cepo, el barrio de la Mouraria, las ruas de Ulmo y de Capelinha, el palacio de los Maldonado,...., y otros lugares que merecen ser descubiertos con calma. Y puestos a descansar, nada mejor que buscar una buena sombra en el frondoso jardín público o en algún café, como el veterano Luiz da Rocha, fundado en 1893 y famoso por sus dulces artesanos.

Mértola y el Salto del Lobo

A partir de Beja, la carretera que conduce hacia el sur, atravesando los campos de cereal de la Planicie Dorada, lleva al viajero hasta Mértola, la preciosa *villa museo*, que se asoma al Guadiana. Al igual que muchas otras ciudades alentejanas, Mértola conoció la presencia de civilizaciones muy diferentes: fenicios, cartagineses, romanos y árabes. Pero fueron éstos últimos quienes dejaron su sello en el núcleo primitivo, que se extiende a todo lo largo de un cerro y cuyos edificios, perfectamente encalados, descienden hasta la misma orilla del río.

Al llegar, es conveniente dejar el coche en el *largo* Vasco de Gama, a la entrada de la zona monumental, y emprender a pie el recorrido de este encantador conjunto urbano, coronado por el castillo que mantiene la torre del homenaje y la plaza de armas. A sus pies se encuentra la iglesia parroquial, construida sobre una antigua mezquita y que conserva la traza original de aquella. Su interior muestra también numerosos elementos de la primitiva edificación musulmana, como los arcos de herradura, los capiteles y el *mihrab* o centro de oración, orientado hacia La Meca.

El valor de la herencia musulmana en Mértola, muy visible en el laberinto de sus callejones empedrados, ha llevado a la creación de un museo islámico, que ocupa una casa próxima al río. Además de esta colección, Mértola cuenta con otras que reúnen piezas romanas, peleocristianas y de arte sacro, que dan a la ciudad un gran interés museístico.

Como contrapunto natural a la densa historia de Mértola, a pocos kilómetros, tomando una carretera hasta Amendoeira y siguiendo por una pista de tierra, se llega al Pulo do Lobo (Salto del Lobo). La dificultad del acceso, queda inmediatamente compensada por la visión de este espectacular tramo del Guadiana, donde el río trascurre por un hondo canal atravesando una plataforma de rocas torturadas por la erosión.

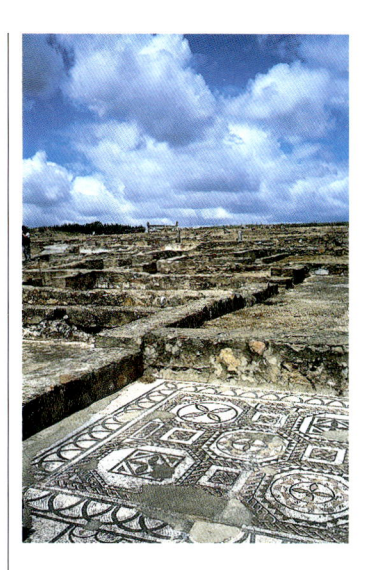

Pisões. Ruinas romanas.

Otras excursiones de interés

Además de las ruinas romanas de S. Cucufate y de la blanca ciudad de Serpa, descritas en otros capítulos (ver páginas correspondientes a las pousadas de Avis y Serpa, respectivamente), una de las visitas indispensables en el entorno de Beja es la villa romana de Pisões, situada a 7 kilómetros de la ciudad y accesible por una pista en buen estado. El conjunto, integrado por 48 salas y varias piscinas, con una rica colección de mosaicos, está considerado como uno de los más representativos de la forma de vida rural durante la presencia romana en el Alentejo.

POUSADA DO INFANTE

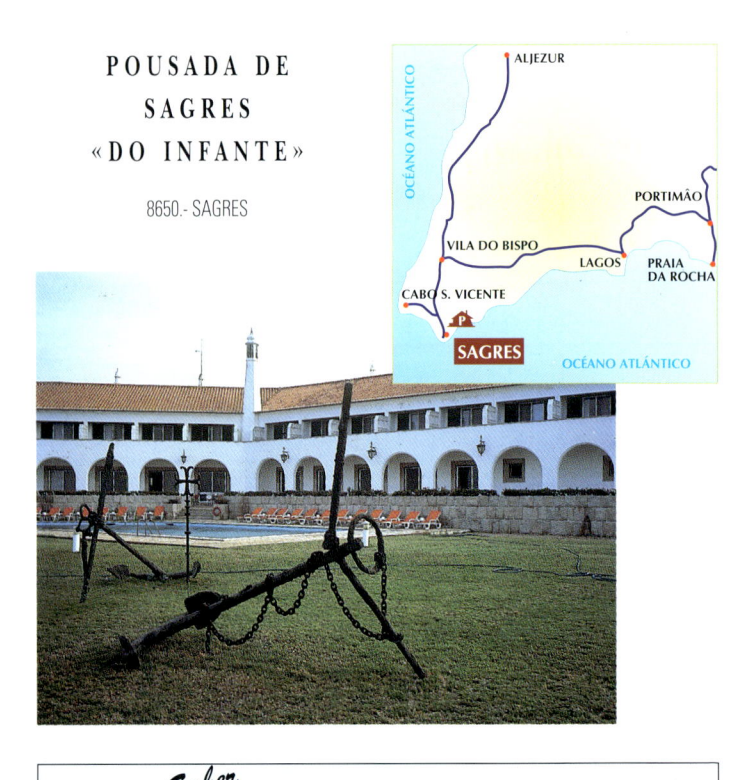

POUSADA DE SAGRES «DO INFANTE»

8650.- SAGRES

Conviene Saber

☎ (082) 64 222
64 223
Fax: (082) 64 225
Localización: en la ciudad misma de Sagres
Precio: Habitación 11.890-18.040 Ptas

Cocina: sopa marinera, filete de atún encebollado, chipirones fritos al Algarve
Postre: pastel de novia
Habitaciones: 38 dobles y 1 suite, algunas con terraza

Categoría
C*

Instalaciones

La Pousada do Infante

La visión del mar desde la pousada do Infante, cerca del cabo de S. Vicente, tiene esa aureola legendaria que tanto intimidaba al hombre primitivo, convencido de que el sol en su ocaso se hacía diez veces mayor y se sumergía en las aguas con un enorme estruendo, llenando la noche de amenazas para cualquier mortal que se acercara a este lugar.

La pousada, con una amplia galería que se asoma al océano encima de la playa de Mareta y frente a la punta de Sagres, es una atalaya sobre esas temibles aguas y, al mismo tiempo, un refugio acogedor y sobrio, lleno de detalles decorativos que evocan los tiempos de las expediciones marítimas, cuando la fortaleza de Sagres albergaba la escuela de Enrique el Navegante.

Sagres. Cerámica del Algarve.

Sagres y la costa Vicentina

Lejos del bullicio que caracteriza a la costa del Algarve, Sagres es una localidad que tiene mucho en común con esos pueblos remotos, de paisaje agreste y azotado por el viento, donde la naturaleza se sigue expresando con vigor. Tal vez por eso ha permanecido a salvo de las grandes urbanizaciones y el visitante que se acerca al lugar queda impresionado por la simplicidad de la arquitectura, el carácter modesto del puerto da Baleeira y el entorno de acantilados que caen verticalmente sobre el mar.

Ocupando la punta de Sagres se levanta la fortaleza, una sólida edificación del siglo XV, accesible a través de un arco y cuyos muros se ajustan al perímetro del promontorio. Su construcción fue obra de Enrique el Navegante, que habilitó un centro de investigaciones marinas y una escuela de navegación donde aprendieron Colón y Vasco de Gama, entre otros grandes descubridores. La contribución de la escuela de Sagres a las expediciones oceánicas fue crucial; en ella se diseñó la carabela, considerada como la nave más rápida de su época, y se inventaron el astrolabio y el cuadrante, dos instrumentos esenciales para elaborar las cartas de navegación.

En la actualidad, la fortaleza ofrece un aspecto algo abandonado y hay que aguzar la imaginación para rememorar su época de esplendor, de la que sigue en pie la capilla de

Sagres. Costa vicentina.

Graça, la llamada Casa del Marino y la enorme Rosa de los Vientos, marcada en piedra sobre el suelo, con un diámetro de más de 40 metros.

Bordeando la costa hacia el oeste, una estrecha carretera nos acerca hasta la fortaleza de Beliche, en la que se ha habilitado un encantador hotel, anejo a la pousada. El establecimiento, con cuatro habitaciones y restaurante, está dentro del recinto amurallado y tiene unas espléndidas panorámicas del litoral.

Dos kilómetros más allá, la misma carretera conduce hasta el cabo de S. Vicente, donde la tradición cuenta que arribó la nave, guiada por unos cuervos, que trasladaba el cuerpo de este santo martirizado en Valencia. El lugar, uno de los "fines del mundo" de la antigüedad, es famoso por sus espectaculares puestas de sol y por el alcance de su faro, cuya señal puede ser vista a 100 kilómetros de la costa.

A partir del cabo de S. Vicente, hacia el norte, se inicia la llamada costa vicentina, una sucesión de promontorios, acantilados y grandes playas arenosas cubiertas de dunas. En esta región la naturaleza reina en solitario, dominada por los vientos constantes, dando origen a una vegetación a ras de suelo y en la que se pueden observar numerosas especies de aves que parecen sortear los caprichosos cambios del aire.

Lagos y el cabo Carvoeiro

Desde Sagres, la carretera que bordea la costa occidental del Algarve conduce al visitante hasta Lagos, una de las ciudades más atractivas y a la vez más turísticas del sur de Portugal. Su historia está unida a la navegación y al comercio de ultramar, desde que en sus astilleros se construyeran las naves para las expediciones de Enrique el Navegante, que traían oro, marfil y esclavos de África.

El casco viejo, muy destruido por el terremoto de 1755 -que desencadenó olas de más de 10 metros de altura- estaba rodeado de murallas, de las que se conservan algunos tramos con baluartes en el interior de la ciudad y un notable lienzo de cara al puerto. Muy cerca de éste, se levanta el fuerte de la Ponta da Bandeira, construido en el siglo XVII para defender la entrada a la bahía y actualmente habilitado como museo, con diversos hallazgos arqueológicos encontrados bajo el mar.

También en las inmediaciones del puerto se encuentra la plaza de la República, presidida por la estatua del Navegante y flanqueada a un lado por la iglesia de Sta. Maria, del siglo XVI, con su fachada renacentista, y al otro por el curioso mercado de esclavos, un edificio de origen romano en cuyos soportales se ponían a la venta los cautivos traídos de África.

Cerca de la plaza, haciendo esquina con la calle de S. Gonçalo, se levanta la iglesia de S. António, un edificio de exterior sencillo que encierra un verdadero tesoro de tallas doradas y azulejos del siglo XVIII. Junto a la iglesia, el museo Municipal recoge obras de arte sacro, utensilios, piezas de artesanía y objetos de la región.

A partir de la plaza de la República, vale la pena hacer un breve recorrido hasta uno de los espacios que concentran la animación del casco viejo: el conjunto formado por las

Lagos.

plazas de Gil Eanes y Luis de Camões, pasando por algunas calles como Silva Lopes, 25 de Abril, Alfonso d'Almeida, Lima Leitão,..., donde se agolpan los pequeños locales comerciales, los restaurantes y las terrazas. Cerca de la plaza de Gil Eanes, merece una visita la iglesia de S. Sebastião, del siglo XV, que conserva portales renacentistas, una imagen mariana rescatada de un naufragio y una capilla revestida de huesos humanos.

En la zona costera entre Lagos y Portimão se encuentran algunas de las playas que han hecho famoso este litoral, como la de Dona Ana, con las impresionantes formaciones rocosas de la Punta da Piedade, y la de Pinhão, accesible a pie o en barca. La más popular es la playa de la Rocha, inconfundible por el tono rojizo de sus acantilados y muy frecuentada desde que, allá por los años 30, se convirtiera en un lugar de moda para algunos escritores. A poca distancia de esta playa se encuentra Portimão, con su activo puerto pesquero y unas noches muy animadas, en las que no faltan los puestos callejeros que ofrecen sardinas asadas, ensalada y pan casero.

Desde Portimão, siguiendo el camino de la costa se pasa junto al cabo Carvoeiro, con su conjunto de grutas, únicas en el Algarve. Más allá, antes de llegar a Armação de Pera, el viajero hará bien en desviarse hasta la playa de Sra. da Rocha, que toma su nombre de un preciosa ermita blanca construida sobre un promontorio, al mismo borde de un acantilado.

También desde Portimão es muy recomendable hacer una escapada hasta Silves, ciudad del interior y antigua capital musulmana del Algarve, cuya importancia se dice que superaba a la de Lisboa. Tras la derrota de los árabes, la villa entró en una larga etapa de decadencia y finalmente fue destruida por el terremoto de 1755, pero todavía conserva la catedral de Sta. Maria, un edificio gótico del siglo XIII con una hermosa puerta y restos de la antigua mezquita.

En lo alto de la ciudad se levanta el castillo, construido -al igual que la catedral- con una piedra de tonalidad granate que da una personalidad muy característica al conjunto monumental de Silves. Las murallas de la fortaleza, en cuyo interior hay unos agradables jardines, pueden ser recorridas en su totalidad por el camino de ronda, que ofrece bellas vistas del conjunto urbano.

Otras excursiones de interés

A partir de Sagres, tomando la carretera que conduce hacia el norte se pasa por algunas localidades, como Vila do Bispo, con una entrañable iglesia parroquial, o Aljezur, asentada a los pies de su castillo árabe. Desde la misma carretera, diversas pistas conducen a las solitarias playas de Arrifana, Bordeira o Castelejo, con restos de algunas torres de vigilancia.

Playa de Doña Ana.

POUSADA DE SANTA CLARA-A-VELHA
«SANTA CLARA»

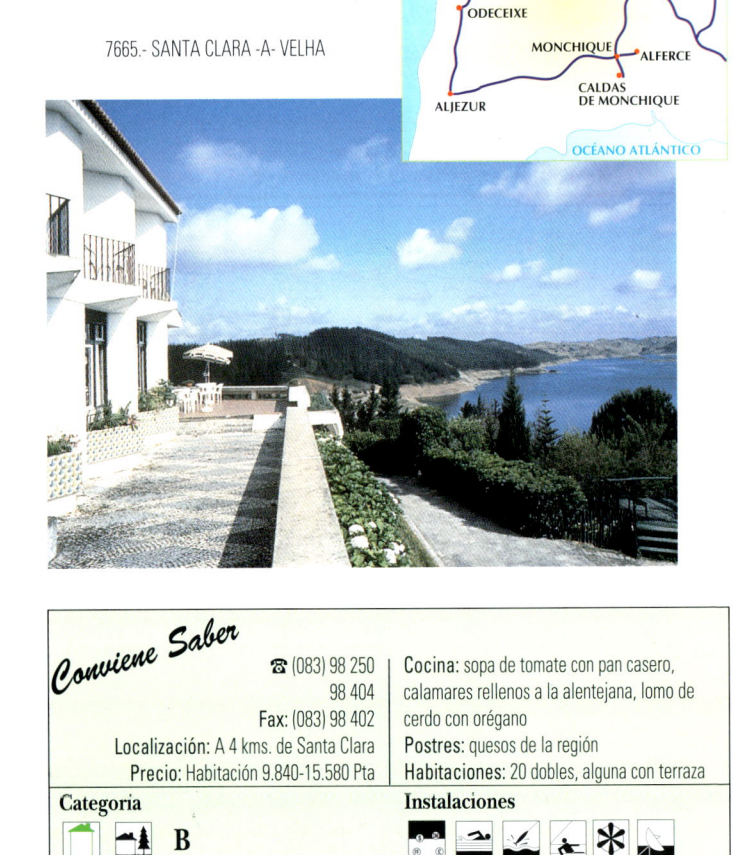

7665.- SANTA CLARA -A- VELHA

Conviene Saber

☎ (083) 98 250
98 404
Fax: (083) 98 402
Localización: A 4 kms. de Santa Clara
Precio: Habitación 9.840-15.580 Pta

Cocina: sopa de tomate con pan casero, calamares rellenos a la alentejana, lomo de cerdo con orégano
Postres: quesos de la región
Habitaciones: 20 dobles, alguna con terraza

Categoría B

Instalaciones

La Pousada de Santa Clara

La pousada de Santa Clara, inaugurada a comienzos de los años 70 y ampliada recientemente, fue habilitada en la residencia del ingeniero que dirigió las obras del cercano embalse, uno de los mayores de la península, que se extiende lleno de recovecos por una amplia zona del Baixo Alentejo. Desde la pousada, asentada sobre un cerro, la vasta panorámica abarca buena parte del embalse y del paisaje que lo rodea, en el que predomina el monte bajo cubierto de pinar y matorral. A cuatro kilómetros y por una agradable carretera se llega a la aldea de Santa Clara-a-Velha, un tranquilo núcleo rural con casas de zócalos coloreados, presidido por una graciosa iglesia azul y blanca.

De Odemira a la sierra de Monchique

A partir de Sta. Clara, podemos tomar la carretera que conduce a Odemira a través de un paisaje cubierto de viejos robles, jara y cantueso. La población, situada junto al río Mira, conserva restos de embarcaderos pertenecientes a la época en la que sus aguas eran navegables, así como un pequeño paseo de madera que bordea el cauce.

Desde Odemira, el río sigue su curso hasta desembocar junto a Vila Nova de Milfontes, puerto de vieja fundación que ya fue utilizado por cartagineses, griegos, romanos y árabes. Su situación privilegiada lo convirtió también en objeto de frecuentes ataques de la piratería, hasta que, tras ser saqueado durante el siglo XVII, se construyó una fortaleza defensiva.

Hacia el sur, la carretera que bordea la costa nos permite acercarnos al cabo Sardão, cuyos farallones rocosos parecen haber sido tallados por algún gigante. Los acantilados constituyen la nota característica de toda esta franja litoral, llamada costa vicentina y declarada espacio protegido, en la que se puede observar el vuelo del águila pescadora y de la paloma de las rocas.

Continuando el trayecto, Zambujeira do Mar muestra al viajero su minúsculo puerto, improvisado en una cala donde las bandadas de gaviotas se reparten el espacio con una docena de barcazas. En el entorno del puerto se pueden ver algunas construcciones de madera, con cubierta de paja, similares a las que abundan en el estuario del Sado (ver capítulo de Setúbal).

De nuevo en ruta, habrá que dejar de lado la pintoresca aldea de Odeceixe para internarse hacia la sierra de Monchique, una de las escasas zonas montañosas del Algarve en la que se puede observar una vegetación espesa con robles, castaños y plátanos. El singular clima de la zona, húmedo y cálido, y la abundancia de aguas termales, famosas en el tratamiento del reumatismo y las enfermedades de la piel, han hecho que esta sierra sea popular como lugar de descanso desde los tiempos de la ocupación romana.

El pueblo de Monchique, que recibe al viajero en una plaza donde se ha reconstruido una curiosa noria de agua, es un agradable caserío que

Odemira.

Zambujeira do Mar.

trepa por la ladera de la montaña. A media altura, se alza la iglesia parroquial, con una bonita portada manuelina cuyas columnas acaban enlazándose formando un cordón con nudos. En su interior se puede ver una colección de azulejos y una talla de la Virgen, del siglo XVIII, atribuida al escultor Machado de Castro. Continuando el callejeo, algo más arriba se encuentra el monasterio de Nossa Sra. do Desterro, en ruinas, que conserva la bonita fuente de los Passarinhos y restos de sus jardines, mudos testigos de una época más pujante.

A partir de Monchique, los aficionados a las rutas de montaña tendrán ocasión de acercarse a la localidad de Alferce y, desde ella, subir hasta la Picota, uno de los más bellos miradores del país, que durante los días claros permite ver la línea del océano y, en primer plano, el recorrido sinuoso del río Odelouca. También desde Monchique, otro mirador privilegiado es el de Fóia, pueblo desde el que se puede subir al pico del mismo nombre, situado a 900 metros de altitud.

Por último, a partir de Monchique, la carretera que lleva hacia el sur nos acerca a las famosas Caldas de Monchique, conocidas ya en tiempos de Juan II, que a finales del siglo XV vino a sus aguas termales para intentar curarse de sus dolencias. El lugar, encantador y con cierta aureola romántica, conserva algunos caserones del siglo XVII, un edificio neomudéjar y una *bouvette* para probar sus famosas aguas. El entorno, frondosísimo, y su ambiente, muy animado por la presencia de visitantes y algunos puestecillos de frutas, convierten la visita a este paraje en una experiencia muy agradable.

Del Castro de Cola a la costa de Albufeira

A partir de Sta. Clara-a-Velha, un bonito recorrido, en parte por pistas de tierra, nos conduce pasando por Pereiras hasta S. Marcos da Serra. La vegetación, muy asilvestrada, va creando un paisaje de matorral, jara, madroños, robles y encinas, en el que transitan los rebaños de ovejas. Al llegar a S. Marcos, si se dispone de tiempo habrá que dirigirse hacia el norte, recorriendo los 30 kilómetros que nos separan de Aldeia dos Palheiros, para tomar el desvío que lleva hasta el Castro de Cola.

Una pista de tierra en buen estado nos acerca a este valioso conjunto arqueológico, presidido por un castro fortificado habitado desde la Edad de Bronce. El poblamiento, que se mantuvo posteriormente hasta el siglo XIV, conserva buena parte del recinto amurallado, así como una cisterna y los muros de varias casas, que se levantan sobre un altozano. Junto a él se encuentra la capilla de Nossa Sra. de Cola, pintada de un vivo tono azul, con pequeñas habitaciones para los devotos de esta Virgen, que acuden todos los años a una popular romería.

La ruta arqueológica comprende también un antiquísimo molino en ruinas y una cámara sepulcral, desperdigados por un paisaje de encinar donde el silencio sólo se ve interrumpido por el chirrido de las cigarras.

Tras desandar el camino, la carretera nos lleva a S. Bartolomeu de Messines, población emplazada en un valle cerca del embalse de Funcho. El caserío, que sirve de punto de partida para acercarse a varios miradores, como el de Portela o el de Penedo Grande, cuenta con una iglesia del siglo XVI, muy reformada, con portada barroca. En su interior, destacan las columnas salomónicas, los paneles de azulejos del siglo XVII y el púlpito, realizado en mármoles de distintas tonalidades.

A partir de S. Bartolomeu, el trayecto lleva al viajero hasta la ciudad costera de Albufeira, que se asoma a su propia playa desde unas paredes de roca. La fundación de la villa pudo ser de la época romana, cuando se construyó el castillo, habitado más tarde por los visigodos y por los árabes, que llamaron al lugar Al-Buhera o castillo de mar. Durante la ocupación musulmana, Albufeira alcanzó cierta prosperidad por el comercio con el norte de África y, poco más tarde, fue conquistada por los cristianos.

El casco viejo, formado por un núcleo de calles apiñadas y bulliciosas, ocupa un pequeño promontorio junto a la playa y conserva algunos edificios de interés, como la capilla de la Misericórdia, levantada posiblemente sobre una antigua mezquita. Fuera de este recinto, en una calle que baja en pendiente hacia la playa, se alza la iglesia parroquial, reconstruida tras el terremoto de 1755.

El entorno de la villa ofrece al visitante algunas sorpresas, como la cueva de Xorino, accesible en barco, o la iglesia de Sta. Maria de Guia, cubierta de azulejos, situada en esta pequeña localidad del interior. Tierra adentro, también merece una escapada la villa de Paderne, con su castillo árabe bordeado por el río Quarteira.

Otras excursiones de interés

La situación de la pousada, junto al embalse y en una zona en la que el paisaje alentejano se ofrece en estado puro, hace aconsejables breves paseos por el entorno. Los núcleos de arquitectura popular, como Relíquias, S. Martinho das Amoreiras y Aldeia das Amoreiras, también merecen una visita.

Castro de Cola.

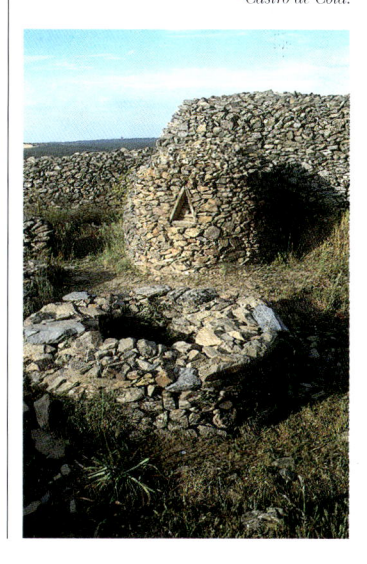

POUSADA DE SANTIAGO DO CACÉM «SÃO TIAGO»

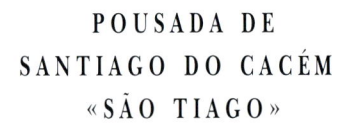

7450.- SANTIAGO DO CACÉM

Conviene Saber

☎ (069) 22 459
Fax: (069) 22 459
Localización: A las afueras de la ciudad en dirección a Grandola
Precio: Habitación 8.200-11.890 Pta

Cocina: sopa alentejana, caldereta de calamares y migas con carne de cerdo
Postres: tocino de cielo
Habitaciones: 8 dobles

Categoría
B

Instalaciones

La Pousada de San Tiago

La pousada de S. Tiago es un agradable caserón de ambiente familiar, con una decoración algo añeja y especialmente acogedora en el comedor, presidido por una gran chimenea. Los jardines que rodean el edificio, con árboles de buen porte, dan al establecimiento el carácter de un refugio umbrío desde el que se puede observar -a una distancia prudencial- la cercana villa de Santiago do Cacém, que se levanta sobre un cerro.

POUSADA DE SANTIAGO DO CACÉM «QUINTA DA ORTIGA»

7540.- SANTIAGO DO CACÉM

Conviene Saber

☎ (069) 22 871
22 074
Fax: (069) 22 073
Localización: A 5 kms. de Santiago, en dirección a Sines

Precio: Habitación 8.200-11.890 Pta.
Cocina: sopa de cebolla gratinada, chueletas de cordero con migas
Postres: pudin de limón
Habitaciones: 8 dobles

Categoría B

Instalaciones

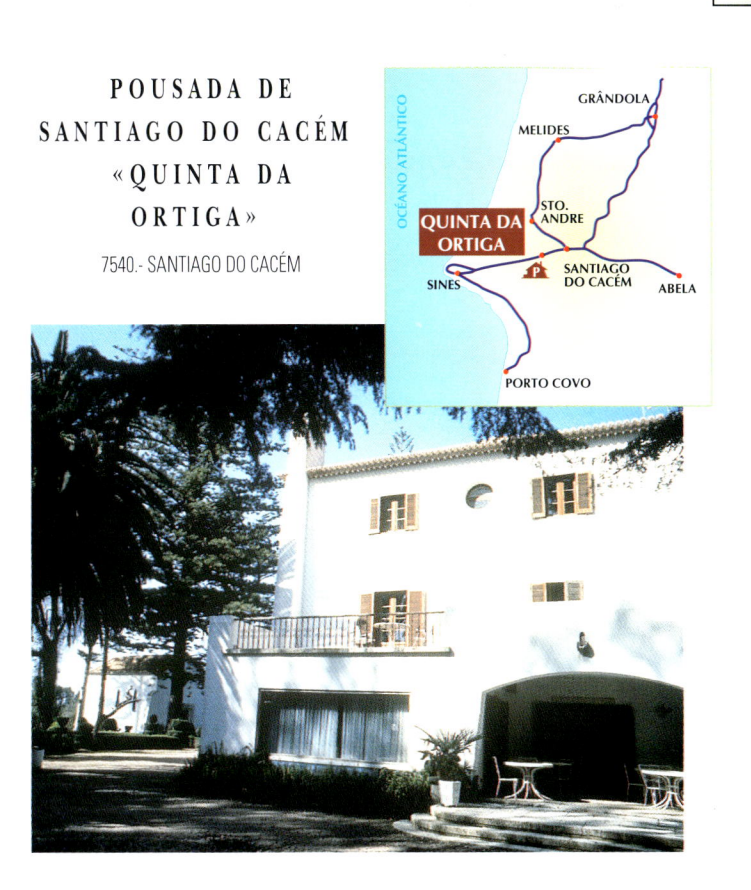

La Pousada Quinta da Ortiga

Algo más retirada de la ciudad, en una finca de alcornoques y grandes eucaliptus a la que se accede por la autopista que lleva hasta Sines, se encuentra la Quinta da Ortiga, una bonita construcción señorial habilitada recientemente como pousada. Sus instalaciones, repartidas junto al edificio principal, incluyen una capilla, diversas cuadras para caballos y una piscina que parece arrancada de alguna villa romana.

Santiago do Cacém y las ruinas de Miróbriga

Los orígenes de Santiago do Cacém datan del Neolítico, cuando ya existía en las proximidades de esta villa un pequeño núcleo sobre el que se asentaría la ciudad celta de Miróbriga. Más tarde, la región sería invadida por romanos y germánicos y durante la ocupación árabe se acometería la construcción del castillo, conquistado temporalmente por los templarios a mediados del siglo XII y, de manera definitiva, por la orden de Santiago a finales de aquel mismo siglo. Años más tarde, la fortaleza serviría de residencia a una singular dama, la princesa bizantina Vetácia, amiga y asistente de la reina Santa Isabel.

ciudad vieja mantiene su encanto en la plaza del Conde de Bracial y en los callejones que la rodean, donde se pueden ver diversas casas blasonadas, como el palacio de los Condes de Avillez. En las inmediaciones del casco antiguo también merece una visita el Museo Municipal, que ocupa la antigua prisión y recoge abundantes restos arqueológicos de Miróbriga, una buena colección de monedas y objetos de la tradición popular, incluyendo la reproducción de una típica cocina alentejana.

Ya en las afueras de la ciudad, junto a la carretera que conduce a Sines, se encuentra la estación ferroviaria, un bonito edificio revestido de paneles de azulejos con escenas populares,

Santiago de Cacém. Vista general.

Santiago de Cacém. Azulejo de la estación.

Todavía hoy, el núcleo monumental está presidido por el castillo, un gran recinto en el que siguen en pie nueve torreones y que alberga el cementerio de la ciudad desde el siglo pasado. Aneja a sus murallas, se alza la iglesia parroquial, de origen medieval pero muy reformada a lo largo de los siglos. De su época primitiva sólo conserva el llamado Pórtico del Sol -con unos capiteles muy ricos en figuras animales- y en su interior muestra un patrimonio interesante, en el que destaca el revestimiento de azulejos de la bóveda y una reliquia de la Santa Cruz donada, según la leyenda, por la princesa Vetácia.

A los pies del castillo y la iglesia, la

cuya sala de espera parece trasladar al visitante a los primeros tiempos del ferrocarril.

Una de las escapadas casi obligatorias desde Santiago do Cacém son las ruinas de Miróbriga, un impresionante complejo arqueológico que ocupa una loma muy cercana a la ciudad, en un paisaje arbolado cubierto de cipreses.

Conocidas ya en el siglo XVI gracias a un antiquísimo testimonio del historiador romano Plinio, las ruinas comenzaron a ser estudiadas durante el siglo pasado por iniciativa del obispo de Beja. Desde entonces, los sucesivos trabajos de excavación han demostrado la antigüedad de este

SANTIAGO DO CACÉM

Miróbriga. Ruinas romanas.

asentamiento que se remonta a la Edad de Hierro, y han puesto al descubierto numerosas edificaciones, especialmente de la época romana, cuando la villa alcanzó su mayor esplendor. Durante aquel tiempo, gracias a su posición estratégica y a la importancia económica de la región, se convirtió en un municipio pujante y albergó un santuario dedicado a Esculapio, pasando a ser un gran centro de peregrinación.

El recorrido del recinto, que se hace por senderos señalizados, bordea un grupo de viviendas y conduce a una complicada red de termas, con salas de vestuario y masajes, así como zonas de baños fríos y calientes. El pavimento de dichas salas estaba cubierto de mármol y era caldeado con un sistema de circulación de aire caliente.

A continuación, el trayecto nos acerca a la hospedería de peregrinos y a la zona comercial, o *tabernae*, para finalizar en el *forum*, donde se levantaban los templos, en la parte más alta de la ciudad.

En el entorno de las ruinas se aprecian restos de calzadas y un puente de un solo arco que formaban parte de la trama urbana de Miróbriga, así como un gran hipódromo destinado a cuadrigas, de 370 metros de longitud por 75 de ancho, que hasta la fecha es el único descubierto en Portugal.

Grândola y el litoral alentejano

Una excursión muy distinta es la que nos acerca a Grândola, la amable

Grândola. Ermita Nsa. Sra. da Penha.

SANTIAGO DO CACÉM

Lago de Santo André.

vila morena que sirvió de contraseña para la Revolución de los Claveles. El caserío, un típico pueblo agrícola, no reviste especial interés monumental a excepción de su iglesia parroquial, con artesonados de madera y bonitos azulejos del siglo XV, y de la ermita de Nsa. Sra. de Penha, situada a las afueras y con unas preciosas panorámicas de la región. Pero el camino que conduce desde Santiago do Cacém a Grândola y desde esta villa al litoral alentejano, merece por si solo el recorrido, que va atravesando una gran extensión de sierra, muy bien preservada, cubierta de alcornoques, madroños y encinas centenarias.

Al llegar a la costa, una estrecha carretera nos acerca a la playa y al lago de Melides, un paraje de humedal en el que se ha levantado una aldea improvisada de curiosas casas de madera, cuidadas y con pequeños porches. El conjunto, una verdadera muestra de arquitectura pobre resuelta con gracia, sorprende al viajero por el perfecto orden de su trazado y por la variedad de colores empleados para adornar las construcciones.

Continuando el trayecto hacia el sur se llega al desvío que nos acercará hasta el lago de Santo André, zona húmeda separada del océano por un extenso arenal, en la que nidifican o hacen escala numerosas variedades de garzas y ánades. El lago, una vasta extensión de escasa profundidad, mantiene esporádicamente un flujo abierto con el mar en una zona donde se sigue practicando la pesca de anguila, lenguado y rodaballo, realizada en unas barcas artesanales que se conocen como *bateiras*.

A partir de Santo André, la última escala en este recorrido de la costa es la localidad de Sines, muy alterada por el crecimiento de su puerto y el desarrollo de grandes instalaciones industriales. El casco viejo conserva el castillo medieval, construido para defender el puerto de los ataques de los corsarios, y el llamado Pazo de los Alcaldes Mayores, donde la tradición asegura que nació Vasco de Gama. Precisamente a este descubridor se atribuye la construcción de la ermita de Nsa. Sra. das Salvas, una blanca joya al borde del mar, con portada manuelina y paredes cubiertas de azulejos del siglo XVII.

A partir de Sines merece una escapada Porto Covo, pueblo de pescadores con una bonita plaza del siglo XVIII. Un poco más al sur, la playa de la Ilha ofrece buenas perspectivas de la cercana isla de Pessegueiro, con un puerto romano y una fortaleza del siglo XVII, a la que se puede acceder en barco desde Sines.

Otras excursiones de interés

Hacia el interior, el entorno de Santiago do Cacém depara la posibilidad de algunas visitas agradables, como la localidad de Abela, con una plaza rodeada de naranjos y una bonita iglesia parroquial. Algo más lejos, Lousal conserva en su término interesantes vestigios arqueológicos, como el antiguo fortín conocido por Castelo Velho.

Sines. Nsa. Sra. das Salvas.

Sines. Puerto.

POUSADA DE S. BRÁS DE ALPORTEL
«SÃO BRÁS»

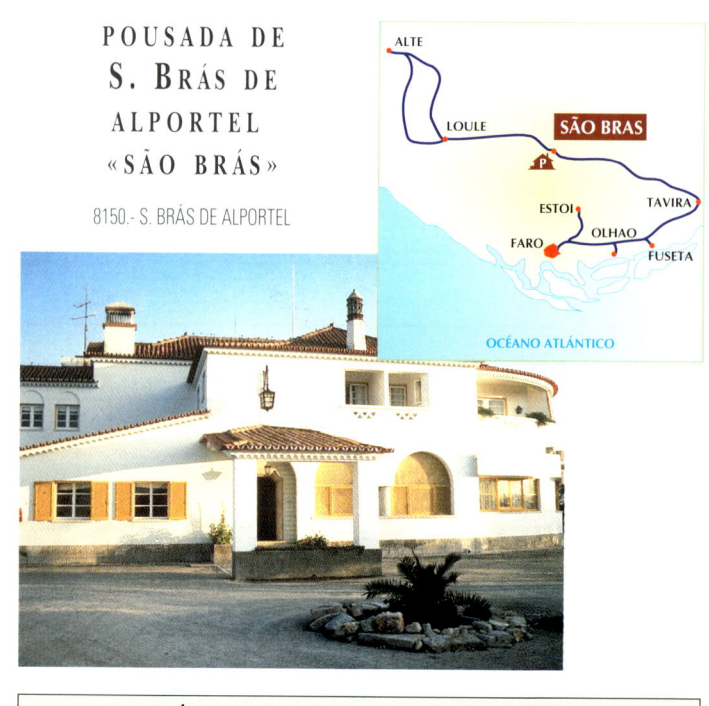

8150.- S. BRÁS DE ALPORTEL

Conviene Saber

☎ (089) 84 23 05
84 23 06
Fax: (089) 84 17 26
Localización: A 2 kms. de S. Bras en dirección a Lisboa
Precio: Habitación 9.840-15.580 Pta

Cocina: cataplana de pescado al Algarve, gallina morisca
Postres: dulces de almendra
Habitaciones: 30 dobles y 1 suite, alguna con terraza

Categoría: C

Instalaciones

La Pousada de S. Brás

La pousada de S. Brás, edificada en los años cuarenta, se alza en lo alto de un cerro que domina la comarca del Barrocal, en plena sierra del Algarve y en medio de un paisaje calcáreo cubierto de algarrobos, olivos y almendros. Pese al carácter turístico de la cercana costa, el Barrocal mantiene a salvo su fisonomía rural y todavía conserva, hacia el interior, pequeñas carreteras accidentadas y localidades como Alportel, Almargens, Cova de Muda,..., en las que sigue viva la arquitectura popular de azoteas, fachadas blancas y chimeneas de filigrana, tan características de la región.

La localidad de S. Brás, a 2 kilómetros de la pousada, es una modesta villa agrícola, de origen árabe, cuyo núcleo más antiguo se extiende entre el *largo* de S. Sebastião y el largo da Igreja. En esta última plaza se levanta la iglesia parroquial, asomada a un mirador sobre los campos de cultivo.

Faro. Terraza en la calle.

Parque Natural de Ría Formosa.

Tavira y el parque natural de Ría Formosa

Una de las ciudades más acogedoras del Algarve es Tavira, situada a poco más de 20 kilómetros de S. Brás. Su emplazamiento, a 3 kilómetros de la costa y separada de ésta por una zona de marismas, ha protegido el viejo casco de Tavira de la aglomeración urbana y aún disfruta de una rara atmósfera de tranquilidad, presente en los cafés que bordean el río Gilão.

Su primitivo asentamiento prehistórico fue ocupado sucesivamente por griegos, romanos y árabes, que dieron a la ciudad su carácter comercial. El terremoto de 1755 significó la destrucción de la vieja Tavira, de la que se conserva el castillo, de propiedad privada, la iglesia renacentista de la Misericórdia, donde están habilitados el museo y la biblioteca de la ciudad, y algunos pequeños templos, como Nossa Sra. da Consolação, con un bonito retablo flamenco. Entre todos los edificios religiosos, el más rico es la iglesia de Sta. Maria do Castelo, que fue levantada sobre una mezquita, se derrumbó a causa del seísmo y se construyó de nuevo en el siglo XVIII. De épocas anteriores conserva el portal gótico, artesonados y azulejos, varios sepulcros medievales y una Virgen del siglo XV.

No obstante, el principal encanto de Tavira son las casas -con bonitas chimeneas y tejados a cuatro aguas cubiertos de líquenes- que muestran sus fachadas a lo largo del río y dan a la ciudad un inconfundible aire mediterráneo.

Además de su propio entramado de calles y plazuelas, la villa es un buen punto de partida para recorrer la isla de Tavira y el parque natural de Ría Formosa, una extensísima franja del litoral comprendido entre Faro y Vila Real de Santo Antonio. El espacio protegido incluye una serie de dunas, canales e islotes arenosos, donde pasan el invierno numerosas especies de aves: garzas, ánades, zampullines, etc., procedentes del norte y el centro de Europa.

Al mismo borde del parque, poblaciones pesqueras como Fuzeta y Olhão mantienen sus puertos en plena actividad y ofrecen la ocasión de conocer otras facetas de Ría Formosa. Precisamente uno de los accesos más atractivos al parque natural es el que conduce, entre ambas localidades, hasta la llamada Quinta de Marim, una extensa finca donde se puede ver la vegetación de marisma, tan característica del parque, además de salinas y un curioso molino activado por los movimientos de la marea, ingenio que se hizo muy frecuente a todo lo largo de la costa durante la Edad Media. En el interior de la Quinta de Marim, el visitante cuenta también con un excelente centro de información, con acuarios, paneles sobre la fauna y la vegetación del parque y exposiciones de objetos ligados a las labores tradicionales en la zona, como la pesca, la extracción de sal o la recogida de algas.

Faro y el palacio de Estoi

La proximidad de Faro, capital del Algarve, ofrece también la posibilidad de recorrer esta bella ciudad, en la que abundan las calles peatonales, los comercios y las terrazas, a rebosar durante el verano.

La fundación de Faro se pierde en la noche de los tiempos, pero su época de esplendor llegó con los árabes, cuando fue la sede de un efímero principado musulmán. Entre los siglos XV y XVI tuvo una importante población judía que contribuyó a crear una activa vida cultural y, más tarde, sufrió incendios y saqueos que mermaron su patrimonio monumental, muy afectado también por el terremoto de 1755. No obstante, buena parte de éste se conserva en el interior del recinto amurallado, accesible por tres puertas, entre las que destaca el Arco da Vila, del siglo XIV. Dentro de las murallas el edificio más notable es la catedral, posiblemente construida sobre una mezquita, y en la que se mezclan elementos románicos, góticos, renacentistas y barrocos. En su interior vale la pena acercarse a las capillas de Nossa Sra. del Rosario y de Nossa Sra. da Conceição -ambas con interesantes azulejos- detenerse ante el órgano, una valiosa joya del barroco, y hacer un esfuerzo para subir a la torre, con excelentes vistas de Faro y del inmediato *largo* da Sé, donde también se alza el imponente palacio episcopal.

El museo arqueológico, instalado en un convento del siglo XVI, el evocador Arco do Reposo y algunos fragmentos de las antiguas murallas, merecen una visita en el recorrido del recinto fortificado. Extramuros, Faro tiene un interesante patrimonio civil y religioso, en el que destacan el decimonónico teatro Lethes, algunos palacios y casonas solariegas, un curioso museo marítimo y numerosas iglesias de los siglos XVI a XVIII. Ya en plan más lúdico, las calles ofrecen

Estoi. Palacio.

al viajero el color de sus suelos de mosaico, el permanente bullicio de sus tiendas, llenas de reclamos turísticos y el sabor añejo de algunos cafés, como el veterano Aliança, próximo al jardín de Manuel Bivar.

Una parada muy aconsejable en la carretera que une Faro con S. Brás de Alportel es la aldea de Estoi, donde el viajero tendrá ocasión de acercarse al palacio del conde de Carvahal, levantado entre los siglos XVIII y XIX. Sus jardines reúnen árboles tropicales, paños de azulejos, estanques y grupos escultóricos, muy representativos del gusto aristocrático que dominó la primera mitad del siglo pasado.

A poca distancia de Estoi, las ruinas de Milreu ofrecen la oportunidad de ver lo que posiblemente fue la villa de un patricio romano, con restos de una compleja red de baños y termas y unos notables mosaicos policromados con figuras de peces muy bien conservadas. Dentro del recinto se levantan también las ruinas de una basílica cristiana del siglo IV, construida a su vez sobre un templo romano.

Otras excursiones de interés

Por su ubicación privilegiada, la pousada de S. Brás permite hacer escapadas a muchos otros lugares de interés. Hacia la frontera española, merecen una visita las poblaciones de Vila Real de Santo António, edificada en el siglo XVIII por iniciativa del marqués de Pombal, y Castro Marim, con su *castillo rojo*, unas excelentes vistas sobre el Guadiana y una pequeña reserva natural, el Sapal, formada por un conjunto de humedales que circundan la villa.

Hacia el oeste, la ciudad de Loulé conserva los restos de sus murallas árabes, un castillo del siglo XII, así como una interesante iglesia parroquial del siglo XIII y algunos buenos caserones. Algo más retirada, a 27 kilómetros de Loulé, la pequeña localidad de Alte mantiene su trazado y su arquitectura típica, que le han valido el calificativo de pueblo más bello del Algarve.

Loulé. Castillo.

POUSADA DE SERPA
«SÃO GENS»

7830.- SERPA

Conviene Saber

☎ (084) 53 724
53 725
Fax: (084) 53 337
Localización: A 3 kms. de Serpa en dirección a la frontera española
Precio: Habitación 9.840-15.500 Pts

Cocina: sopa de tomate a la alentejana, lenguado con cilantro, chuletas de cordero con salsa hortelana
Postres: encharcada de almendras
Habitaciones: 16 dobles y 2 suites, algunas con terraza

Categoría: C

Instalaciones

La Pousada de São Gens

La pousada de São Gens toma su nombre de un cerro, próximo a la localidad alentejana de Serpa, en el que se levanta también la ermita de Guadalupe, con su aire de mezquita árabe y su encalado luminoso, casi hiriente. Desde los balcones de la pousada, una construcción sencilla y con un interior decorado rústicamente, la panorámica de la planicie alentejana es soberbia. La ladera del cerro baja suavemente hasta unirse con una vasta extensión cubierta de olivos donde asoma el blanco caserío de Serpa y la mirada tropieza, a la caída de la tarde, con unas bellísimas puestas de sol.

Serpa y Moura

Serpa, la *vila branca* cuyo concejo se extiende entre el Guadiana y la frontera española, tiene un pasado muy marcado por su carácter de tierra de nadie. En tiempos de los romanos fue un cruce de calzadas y durante este periodo se desarrolló su agricultura, basada en el cultivo de cereales. Pero fueron sobre todo los árabes, presentes en la ciudad hasta el año 1232, quienes dejaron su huella inconfundible en la arquitectura y en las labores del campo. Una huella que ha sobrevivido a los continuos ataques que sufrió la región por parte de las tropas españolas y francesas durante buena parte de su historia.

El viajero que recorre Serpa observará esa influencia musulmana en el conjunto de calles irregulares y estrechas que bordean el castillo y la iglesia de Sta. Maria, edificada posiblemente sobre una antigua mezquita. Frente al templo, como uno de los restos más notables de la fortaleza, se levanta la torre del homenaje, conocida popularmente como Torre do Relógio.

Además de buena parte de las murallas, levantadas por D. Dinis -al igual que el castillo- tras la conquista de la ciudad en el siglo XIII, el recinto de Serpa conserva varias puertas, como las de Beja y Moura, así como algunas edificaciones nobiliarias, entre ellas el palacio de los Melos y la casa de Terreiro de D. João, ambas del siglo XVI. También entre el conjunto monumental destacan el convento de S. António, construido en el siglo XV a las afueras de la ciudad, el de S. Paulo, del siglo XVII y los restos del acueducto, que aprovecha parte de la muralla y que transportaba el agua con ayuda de una singular noria. En el capítulo de las curiosidades, Serpa cuenta con una valiosísima colección de relojes en el museo António Tavares d'Almeida, situado en el convento do Mosteirinho, donde se pueden ver piezas de bolsillo, de pared o de sol, desde mediados del siglo XVII hasta el presente.

Sin otra meta que el simple deambular: la plaza de la República, las calles João Valente, Assento, Fidalgos,..., un paseo por la villa alentejana devuelve al viajero el gusto por la arquitectura de líneas sencillas y esos suelos de empedrado sobre los que el tiempo siempre parece trascurrir con una cadencia diferente.

Serpa. Vista panorámica.

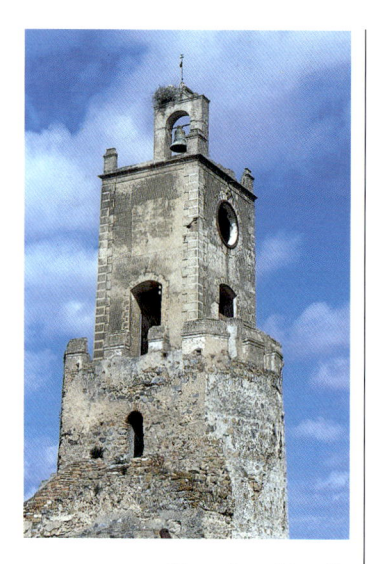

Moura. Restos del castillo.

Otra de las ciudades que hablan del pasado árabe de estas tierras es Moura, accesible desde Serpa a través de un paisaje de monte bajo cubierto de olivares. Su propio nombre se debe a una leyenda, protagonizada por Saluquia, la hija de un noble moro, que se arrojó desde las torres de la alcazaba al saber que su amante había muerto a manos de los cristianos. Más allá de la leyenda, la ciudad mantiene casi intacto un barrio musulmán, la Mouraria, de mínimas casas blancas, en una de las cuales se puede ver un aljibe árabe.

Entre otros edificios de interés, el viajero que se acerque a Moura puede detenerse en el convento del Carmo, destinado actualmente a hospital, con una bonita fachada y un precioso claustro ajardinado, así como en lo que queda del castillo, edificado en el siglo XIII, que encierra en su interior las ruinas de la antigua iglesia parroquial. En las inmediaciones del castillo, merece una parada el curioso patio de los Rolins, un rincón que representa, como si se tratara de un antiguo grabado, lo que debió ser la ciudad durante el siglo XVI.

Entre los edificios religiosos, el templo más notable es el de S. João Baptista, con una valiosa portada manuelina adornada con esferas armilares y un interior donde destaca el púlpito de mármol blanco y la capilla del altar mayor, cubierta de azulejos sevillanos.

Muy cerca de esta iglesia se encuentra el Museo Romano, que reúne algunos interesantes restos encontrados en las villas y castros del concejo. En las proximidades del templo de S. João vale la pena recorrer los frondosos jardines del balneario, con estanques y macizos de flores, rodeados por un mirador que ofrece amplias vistas del entorno atravesado por el río Brenhas.

Barrancos y el pueblo amurallado de Noudar

También desde Serpa, podemos tomar la carretera que va hacia la frontera española y, antes de llegar, desviarnos hacia la pequeña localidad de Safara, pasando junto a la sierra de Adiça. A continuación, habrá que dirigirse a Barrancos, apartándonos momentáneamente del trayecto para visitar Santo Aleixo, que conserva una valiosa iglesia del siglo XVII. El templo, inicialmente de tres naves, sufrió importantes destrozos durante las incursiones españolas, que mermaron sensiblemente su riqueza. Actualmente tiene una sola nave, pero la singularidad del edificio ha llevado a su declaración como monumento nacional.

Después de recorrer austeras tierras de encinar, la llegada a Barrancos, conjunto de cuidada arquitectura blanca que aparece encaramado en lo alto de una colina, sorprende gratamente al viajero. La situación del pueblo, al borde mismo de la frontera, y su aislamiento en este rincón apartado de Portugal han propiciado que sus habitantes conserven aún un lenguaje peculiar, conocido como *barranquenho* y que

Noudar. Castillo.

Barrancos tenga una inequívoca fisonomía andaluza, con sus callejas estrechas y empinadas. Las influencias fronterizas se hacen sentir también en la rica artesanía, que produce unas robustas sillas de enea, y en la gastronomía local, entre la que destaca el jamón de pata negra, con denominación de origen.

El recorrido del pueblo, que se debe hacer a pie, descubriendo rincones y llegando hasta el camino del cementerio, en la parte alta y con bonitas vistas del caserío, es uno de esos placeres simples, reservados a los viajeros sosegados.

No obstante, el mayor atractivo de esta localidad y un motivo de orgullo -nada disimulado- para sus habitantes, es el castillo de Noudar, accesible por un camino que sale de las inmediaciones del pueblo. El recorrido, unos 12 kilómetros de pista de tierra en buen estado, cruza un puente medieval y pasa junto a viejas chozas de piedra cubiertas de enramado, para acercar al viajero a este rincón de una belleza primitiva, donde el tiempo permanece encallado desde la Edad Media.

El castillo de Noudar es en realidad un pueblo amurallado, que quedó desierto a comienzos del siglo XIX cuando sus habitantes se trasladaron al vecino Barrancos. El castillo, construido por la orden de Avis en 1307, es una apreciable construcción militar, sobre un alto rodeado por los ríos Murtiga y Ardila y con una situación excepcional que permitía vigilar la línea fronteriza.

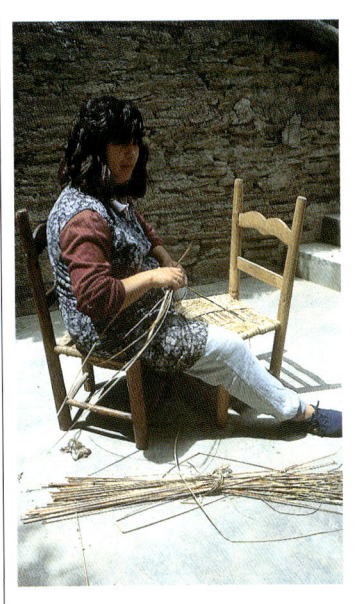

Barrancos. Artesanía del mimbre.

En el interior de las murallas aún se conservan los restos de la iglesia de Nossa Sra. do Desterro, levantada sobre otro templo del siglo XIV, así como algunas viviendas, hornos y pozos con brocales de piedra, que están siendo objeto de una cuidadosa restauración. El paseo por el recinto y buena parte de las murallas, en compañía de un guía local, produce una honda impresión en el visitante, que difícilmente se podrá sustraer a la soledad absoluta de este paraje.

Otras excursiones de interés

Además de las escapadas que se pueden hacer a la ribera del Guadiana, como el espectacular Salto del Lobo (ver capítulo correspondiente a la cercana pousada de Beja), Serpa cuenta también con una pequeña zona de sierra y un conjunto de núcleos rurales como Brinches, Vila Nova de S. Bento o Pías, con sus características viviendas coronadas por chimeneas *de escuta*.

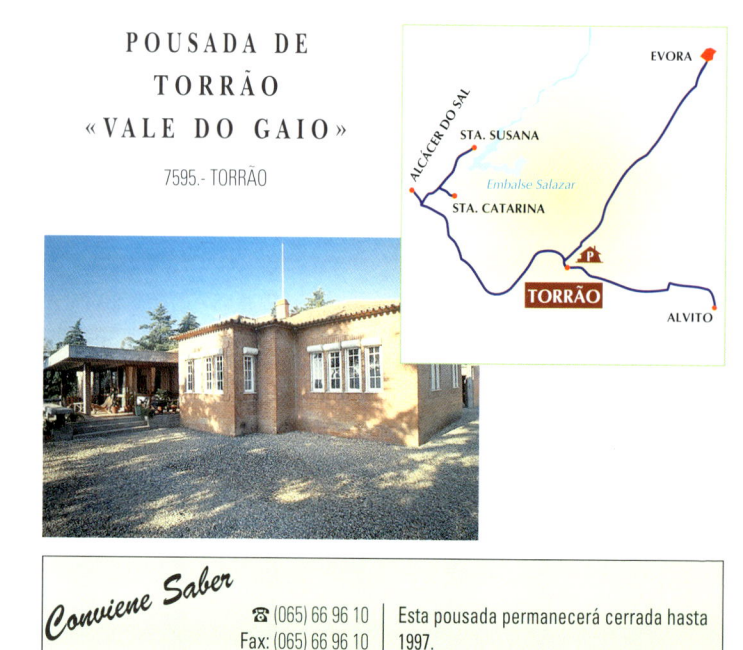

POUSADA DE TORRÃO
«VALE DO GAIO»

7595.- TORRÃO

Conviene Saber

☎ (065) 66 96 10
Fax: (065) 66 96 10
Localización: A 5 km de Torrão, en un lugar aislado junto al embalse
Precio: Habitación 8.200-11.890 Pta

Esta pousada permanecerá cerrada hasta 1997.

Habitaciones: 13 dobles

Categoría   B

Instalaciones

La Pousada de Vale do Gaio

La pousada de Torrão, construida en 1977 y reformada recientemente, ocupa la antigua residencia de los ingenieros que trabajaron en la construcción del pantano de Vale do Gaio, una vasta extensión de agua que se prolonga hacia el oeste hasta comunicarse con el río Sado. La situación del edificio sobre un montículo que domina la presa, le confiere un atractivo especial para quienes disfrutan de los deportes náuticos: windsurf, pesca deportiva, vela,..., que se pueden practicar en el embalse.

La localidad de Torrão, a escasos kilómetros de la pousada, es un buen exponente de la arquitectura popular de la región alentejana: calles y placillas adornadas con naranjos y casas encaladas, de una sola planta y con pequeños patios, sin más ornamento que los suaves tonos de ventanas y zócalos.

El núcleo más antiguo del pueblo es el que rodea la iglesia parroquial, catalogada como monumento nacional, con una portada manuelina del siglo XVI y un interior de tres naves, con paneles de azulejos. Otro templo interesante es el de La Palma, también con azulejos, del siglo XVIII. En las afueras del pueblo merece una escapada la ermita de Nossa Sra. del Bom Sucesso, una construcción de buena planta que se alza, resplandeciente, entre campos de cereal.

Alcácer do Sal

La carretera que conduce a la desembocadura del Sado a través de un paisaje cuajado de pinares y alcornocal, lleva al viajero hasta la localidad de Alcácer do Sal, villa que se asoma al tramo final del río, extendiéndose a los pies de su magnífica fortaleza.

La población forma parte de un concejo ya ocupado hace 5.000 años y que durante la Edad de Hierro mantuvo frecuentes contactos con los pueblos navegantes del Mediterráneo, cuando Alcácer era conocido con el nombre de *Eviom*. Más tarde, durante la ocupación romana, desempeñó un papel muy importante en la vida política y económica del Alentejo y llegó a contar con fueros especiales y moneda propia. En aquellos tiempos la villa era llamada *Salatia Urbs Imperatoria* por su rica industria de sal.

Tras convertirse en ciudad episcopal durante el período visigótico, a partir del siglo VIII pasó a ser una de las plazas más importantes de los árabes en la Península Ibérica, situación que mantuvo durante cerca de cinco siglos. Trascurrida la Edad Media, Alcácer conservó el prestigio de su producción salinera hasta el siglo XVI, transformándose en un concejo agrícola hasta llegar a ser, actualmente, el mayor productor de corcho y arroz del país.

Dentro del conjunto monumental de Alcácer, rico aunque algo descuidado, destaca especialmente el castillo, una edificación árabe de grandes dimensiones, que fue reformada por el rey Dinis. El recinto, cuyos robustos torreones parecen colgar sobre la empinada ladera, puede ser bordeado por el camino de ronda que ofrece vistas espectaculares del río, serpenteando entre los arrozales.

Dentro del castillo se levanta la iglesia de Sta. María, del siglo XII, con pórticos y capiteles románicos y una interesante colección de azulejos en su interior. Próxima a ésta se encuentra la iglesia del Senhor dos Mártires, construida en el siglo XIII por los caballeros de la Orden de Santiago y cubierta posteriormente con azulejos y tallas doradas. Entre sus capillas, la del Tesoro, del siglo XIII, y la de S. Bartolomeu, del XIV, merecen la atención del viajero.

Otro de los templos que forman

Alcácer do Sal.

Alcácer do Sal. Vendedoras de camarones.

Alcácer do Sal. Museo.

parte del núcleo histórico de Alcácer, en la zona baja de la ciudad, es el de Espírito Santo, del siglo XV, aunque muy modificado en el XVIII. Actualmente alberga el Museo Municipal, con ricas colecciones arqueológicas de piezas descubiertas en la región. También en la zona baja, en las inmediaciones del *largo* José Godinho, centro vital de la ciudad, se levanta la iglesia de Santiago, de fundación medieval, y próxima a ésta, una fuente del siglo XVI, cubierta con paneles de azulejos que hacen alusión al origen romano de la villa.

Por último, Alcácer conserva el convento de Sto. António, una fundación de gusto renacentista, con la preciosa capilla de las Once Mil Vírgenes, construida por iniciativa del virrey de las Indias y cubierta por una cúpula de jaspe.

Al margen de su valor monumental, la proximidad del río, muy ensanchado a su paso por Alcácer, imprime carácter a la ciudad y parece marcar el ritmo vital de sus habitantes. El puente de hierro, que se levanta para dejar paso a las barcazas, los muelles que flanquean el cauce y sirven a grupos de niños como lugar de pesca improvisada, y las mujeres que colocan sus mínimos puestos de gambas y camarones, junto al largo de Luis de Camões, son también una parte inseparable de la ciudad. Tanto como sus famosos dulces de piñones, las *pinhoadas*, que se pueden degustar en cualquiera de los bares y cafés locales.

A poca distancia de Alcácer do Sal, el Sado se va abriendo hasta configurar un amplio estuario, declarado parque natural, con parajes de gran belleza en los que se mezclan los cultivos, el laberinto de los canales y las grandes heredades cubiertas de pinar (en el capítulo de Setúbal se ofrece una información detallada sobre este espacio natural).

Alcáçovas y el embalse de Pego do Altar

Desde Torrão, en dirección al norte, una carretera nos acerca a la localidad de Alcáçovas, villa medieval que contó con un castillo, destruido más tarde, y en la que se firmó el tratado que puso fin a la guerra de sucesión en España.

Entre sus edificios de interés habrá que detenerse en la iglesia parroquial, renacentista, construida en el siglo XVI, con una capilla sepulcral y una rica ornamentación de tallas doradas, azulejos y pinturas murales. La localidad cuenta además con dos ermitas, la de Nossa Sra. da Graça, manuelina, que alberga una imagen gótica, y la de Nossa Sra. da Conceição, muy pintoresca, con su fachada recubierta de mosaicos que forman bonitas figuras geométricas.

Entre su arquitectura civil, Alcáçovas reúne también numerosas casas de portales góticos y manuelinos, así como un palacio de origen medieval que fue residencia de D. Dinis y un curioso museo etnográfico donde se exhibe una colección de cencerros producidos en la zona.

Desde Alcáçovas, una pequeña carretera lleva hasta Monte Canelas y bordea el embalse de Pego do Altar, otro de los grande pantanos que comunican con el río Sado y que permiten la práctica de deportes naúticos. La carretera sigue hasta Sta. Catarina, desde donde habrá que retornar hacia el embalse, cuya presa se puede ver tomando un breve desvío a la derecha. Muy cerca de ésta, entre alcornocales y campos de cultivo, se encuentra la recoleta villa de Sta. Suzana, una población de casas blancas en cuya iglesia se conservan unas magníficas pinturas sobre madera de principios del siglo XVI.

Torrão. Ermita.

Otras excursiones de interés

La cercanía de Alvito y Évora (ver capítulos correspondientes a las pousadas de estas dos localidades) ofrece otras escapadas alternativas en el entorno de Torrão. Hacia el sur, dentro del conjunto de embalses que se han construido en la zona, destaca el de Odivelas, que recibe sus aguas de este pequeño río alentejano.

Campo de trigo

NOTAS SOBRE PORTUGAL
***
GLOSARIO

NOTAS SOBRE PORTUGAL 174

ETNOGRAFÍA

Los primitivos habitantes de Portugal fueron los lusitanos, quizás de estirpe ibérica, aunque es difícil entroncar este pueblo con los demás protohistóricos de la Península. Es el nombre que les dieron los geógrafos e historiadores clásicos. Habitaban el Sur, mientras la región más septentrional del actual territorio estaba poblada, al igual que Galicia, por galaicos, de origen céltico. Sobre estos pueblos se sobrepusieron los romanos, con la conquista y colonización hasta llegar a fundirse. Más tarde, la dominación visigótica apenas dejó huella, pero sí la invasión musulmana, que se prolongó durante siglos en la región meridional. El actual portugués responde a los apelativos del latino o mediterráneo, siendo similares sus características antropomórficas. A pesar del largo e indiscriminado mestizaje, se percibe más claramente en el Norte rasgos galaicos, y en el Sur africanos, lo que evidencia los respectivos sustratos étnicos. Tampoco el temperamento portugués difiere del español. Como nota distintiva se podría señalar su melancolía y lirismo más considerable que en el resto de la Península, con excepción de Galicia que viene a coincidir en estas notas. El acendrado intimismo de los galaico-portugueses, debido en parte al ambiente brumoso del país, es una característica que puede verse claramente en su historia literaria.

La población de Portugal es de algo más de diez millones de habitantes. El aumento demográfico ha sido continuo, como consecuencia de un elevado índice de natalidad y de haberse reducido en los últimos años la mortalidad. La economía portuguesa no puede absorver semejante crecimiento, por lo que la emigración es la salida habitual de este excedente.

En Portugal la Iglesia está separada del Estado y hay libertad de cultos, siendo la religión católica la de la mayoría de la población.

El gobierno actual es una República unitaria corporativa, cuyo presidente, elegido por siete años, ejerce el poder ejecutivo a través del primer ministro. El legislativo corresponde a la Cámara Corporativa y a la Asamblea Nacional. La capital es Lisboa (con algo más de 830 mil habitantes), bien situada en el estuario del Tajo y centro económico y comercial del país. La segunda es Porto, en la desembocadura del Duero, al igual que Setúbal, en el estuario del Sado. Siguen en importancia Funchal, principal centro urbano de las islas adyacentes. Coimbra, a orillas del Mondego, célebre por su Universidad, es centro intelectual del país.

La distribución administrativa de Portugal es compleja, pues mientras subsiste la división en 11 provincias, hay otra más moderna en 18 distritos, no pudiéndose decir en rigor que sean éstos una subdivisión de aquellas, ya que varias provincias se reparten los *concelhos* de un mismo distrito. Las 11 provincias y sus capitales son las siguientes: Minho (Braga), Trás-os-Montes e Alto Douro (Vila Real), Douro Litoral (Porto), Beira Alta (Viseu), Beira Baixa (Castelo Branco), Beira Litoral (Coimbra), Estremadura (Lisboa) Ribatejo (Santarém), Alto Alentejo (Évora), Baixo Alentejo (Beja) y Algarve (Faro). Hay que añadir las islas adyacentes que suman cuatro distritos más: Açores (Ponta Delgada, Angrado, Heroismo, Horta) y Madeira (Funchal).

La economía portuguesa está en pleno desarrollo, siendo su base fundamental la agricultura y la vida marítima. La industria es todavía limitada y los recursos mineros representan sólo el 1% de la renta nacional.

HISTORIA

En el apartado de etnografía nos hemos referido ya a los principales pobladores del actual Portugal. Los lusitanos, que habitaban las orillas del Tajo, se iban expansionando hacia el Sur, por lo cual los romanos decidieron someterlos definitivamente. La conquista por los romanos tuvo lugar en el s. II a. de C., después de una dura guerra, cuyo momento culminante fue la lucha de Viriato contra los invasores. Una vez asesinado el caudillo lusitano, éstos penetraron fácilmente en el país, romanizándolo. Por entonces no había ninguna particularidad especial que señalase el camino del nacionalismo emprendido en la Edad Media. Para los romanos Hispania era la totalidad de la península. En el s. VIII los musulmanes invadieron la Península Ibérica, en la cual vivieron largos siglos; pero el territorio luso estuvo apartado de los grandes centros de cultura árabe (Toledo, Córdoba, Sevilla, Granada), por lo que su huella es menos perceptible que en la España meridional. Pero antes de la expulsión de los musulmanes ya se había formado en el Norte una incipiente nacionalidad.

Los territorios septentrionales fueron reconquistados por los reyes de León, hasta que Alfonso VI dio a su hija Teresa como dote, el llamado *Condado de Portacale,* que tomaba el nombre de una ciudad situada a orillas del Duero frente a la actual Porto, que fue repoblada en el 868 por Alfonso III, convirtiéndola, al mismo tiempo, en cabeza del condado. Éste fue entregado con la condición de vasallaje a los reyes de León, pero los condes quisieron hacerse independientes aprovechando la anarquía del reinado de doña Urraca, sin conseguir sus objetivos. El hijo de ambos, Afonso Henriques, logrará la independencia de hecho, pues al vencer a los musulmanes en la batalla de Ourique, se proclamó rey, y Alfonso VII de León reconoció ese título en 1143, a condición de que el rey portugués prestara vasallaje al reino leonés. Para librarse de esta sumisión se declaró feudatario del papa Lucio II en 1144. El rey

NOTAS SOBRE PORTUGAL

portugués continuó la Reconquista por su cuenta, llegando hasta Beja. Le sucedió Sancho I, que consolidó la independencia. Alfonso III puso término a la Reconquista al tomar a los árabes el Algarve y estableció la capital del reino en Lisboa. A su muerte subió al trono Don Dinís quien impulsó activamente la vida cultural, siendo él mismo autor de varias cantigas. Creó, además, la Universidad de Lisboa, que se trasladaría posteriormente a Coimbra.

Al morir Fernando I, en 1383, sin descendencia, acabó con él la dinastía Borgoña y su esposa Leonor proclamó reina a su hija Beatriz que contrajo matrimonio con Juan I de Castilla, ante la oposición del pueblo que temía la anexión por parte de Castilla y cuando Juan I se dirigía hacia Lisboa para hacer valer sus derechos fue interceptado por las tropas portuguesas al mando del Maestre de Avís y derrotado en la batalla de Aljubarrota (1385), con lo que se consolidó la independencia portuguesa, subiendo al trono el Maestre de Avís, Juan I de Portugal, hijo bastardo de Pedro I. Le sucedieron en el trono Alfonso V, Juan II y Manuel I, cuyo reinado es el de máximo esplendor portugués. Durante este tiempo los descubrimientos de tierras y las rutas marítimas fueron en continuo aumento. Portugal vivió un siglo de plenitud en todos los aspectos hasta el fin de la casa de Avís. Al quedar vacante el trono portugués Felipe II hizo valer sus derechos al mismo y, venciendo la oposición del prior de Crato, se proclamó rey de Portugal en 1580, jurando respetar las leyes del país. Por fin, se vio realizada la ansiada unión peninsular, aunque no duró más que hasta 1640, año en que los portugueses se sublevaron contra el temido centralismo llevado a cabo por el conde-duque de Olivares. El duque de Braganza se proclamó rey con el nombre de Juan IV, bajo la protección de Inglaterra, Francia y Holanda, que deseaban ver disminuido el poder español. Ésta es la verdadera fecha de independencia de Portugal.

La casa de Braganza gobernó en Portugal hasta 1910. Durante los primeros reinados Portugal se fue separando cada vez más de España, buscando apoyo político en Inglaterra y Francia. En 1911 fue proclamada oficialmente la República bajo el mando de Manuel Arriaga. El nuevo régimen ante la caótica situación del país, tuvo que tomar medidas drásticas para el desarrollo. La enseñanza se hizo confesional al separarse Iglesia y Estado. Al mismo tiempo se dio rienda suelta a una campaña anticlerical que obligó a los sacerdotes a vestir de seglares y se redactó una nueva Constitución. En 1918 el presidente fue derrocado por un golpe militar aprovechando la incertidumbre que invadía el país. Pero el dictador Sidonio Pais fue asesinado ese mismo año. En 1919 fue elegido presidente Almeida, seguido de Teixeira Gomes en 1923. Tres años más tarde otra nueva dictadura, la de Gomes da Costa, quien gobernó el país hasta 1928, año en que fue proclamado el *Estado Novo* por el general Carmona y Oliveira de Salazar.

El Estado Novo siguió siendo republicano, aunque con un único partido político, y el poder ejecutivo pasó del presidente al primer ministro. Carmona fue elegido varias veces presidente, pero, desde 1932 fue Salazar quien gobernó el país. En 1968 falleció Salazar, desempeñando las labores de primer ministro Marcelo Caetano, derrocado en 1974 por el movimiento popular, movimiento conocido como *Revolución de los claveles*.

ARTE

Sin duda alguna el arte portugués ha seguido una evolución y unas tendencias similares a las de otros países de la Europa meridional, si bien el carácter atlántico de las costas portuguesas ha mantenido el territorio alejado de las grandes corrientes culturales desde los tiempos más remotos. Hay que partir del hecho de que, hasta el momento de su independencia, el pasado de Portugal está muy unido al conjunto de la Península. Más tarde, el desarrollo del comercio con África, Sudamérica y el Extremo Oriente, iría incorporando nuevas aportaciones a la cultura portuguesa, a las que se uniría una notable influencia británica, sobre todo a raíz de la activa presencia inglesa en la comercialización del vino de Oporto.

La presencia de civilizaciones anteriores a la romana es muy escasa y la romanización fue bastante débil, debido a la resistencia llevada a cabo por los pastores nómadas, liderados por Viriato. Los enclaves más relevantess se encuentran en el sur, destacando Évora.

Con respecto a las culturas anteriores a la época romana cabe destacar la belleza de la orfebrería, finamente trabajada y decorada con elementos geométricos. En la zona sur, donde la romanización alcanzó el más alto grado, como ya se ha señalado, diversos monumentos dan testimonio del esplendor de ciertas ciudades, como Évora, en la que permanece en pie el templo dedicado a la diosa Diana. Además del ejemplo citado hay que destacar algunas ciudades notables como Conímbriga, Mirobriga o Cetóbriga, repartidas por el territorio portugués, así como los numerosos ejemplos de villas agrícolas: S. Cucufate, Milreu, Torre da Palma..., particularmente extendidas en la mitad sur del país.

De los pueblos que se adentraron en la península tras la caída del Imperio Romano, solamente los suevos han dejado muestras de su presencia en Portugal. Éstos crearon un reino que tuvo por capital la ciudad de Braga, quienes tampoco dejaron muestras de sus inquietudes arquitectónicas, limitándose éstas a pequeñas iglesias de piedra con escasa decora-

NOTAS SOBRE PORTUGAL

ción. El ejemplo más notable es la iglesia de São Fructuoso de Montélios, cerca de Braga.

Del posterior período árabe destacan los enclaves fortificados, principalmente la ciudad de Évora que conserva elementos de las antiguas murallas árabes y de la vieja kasba.

Al igual que había ocurrido en España, los portugueses que habían escapado al dominio musulmán llevaron consigo alguna de las características de las construcciones árabes, dando lugar al denominado *moçarabe portugués,* mezcla de estilos arquitectónicos. Especialmente representativa de este estilo es la iglesia de Lourosa, en las inmediaciones de Lamego y fechada en el año 912.

Los grandes estilos que se afianzaron en Europa durante la Edad Media han dado las más bellas muestras del arte portugués.

El estilo románico, que hizo su penetración en Portugal por Galicia, llevado, al igual que en España, por los monjes de Cluny que se desplazaban por el camino de Santiago, adquirió matices propios y autóctonos en contacto con el estilo mozárabe existente en tierras portuguesas. El rasgo peculiar del románico en Portugal es que, mientras en el resto del continente se inició este estilo con la construcción de pequeñas iglesias, en Portugal el románico es el estilo de las grandes catedrales, dando el gótico sus mejores frutos en conventos y abadías.

La primera gran obra del románico en Portugal es la catedral de Braga, fundada por San Gerardo, a comienzos del siglo XII. Le siguen las catedrales de Oporto, Coimbra y Lisboa que afianzaron el románico en Portugal. De todas ellas, la más interesante es la de Coimbra, construida en la segunda mitad del siglo XI. La más tardía es la catedral de Évora, comenzada en 1186, pero no concluida hasta el siglo XIV y que supone el primer paso de transición hacia el gótico.

Anterior al gótico, aparece el estilo cisterciense, nacido de un propósito de sencillez y sobriedad, en busca de la pureza de las líneas y la verticalidad del gótico. El monumento más importante de esta época es el monasterio de Santa Maria de Alcobaça, comenzado en 1172, aunque no fue consagrado hasta 1252 y las obras del claustro se prolongaron hasta principios del siglo XIV.

El gótico adquirió en Portugal rasgos propios, entroncados con las tradiciones locales y que se ponen de manifiesto en monumentos como la iglesia de Santa María de la Gracia, en Santarém. Esta tendencia alcanzaría su máxima expresión en el monasterio de Santa María de la Victoria, en Batalha, conjunto representativo del gótico portugués.

Lo más original del arte portugués viene representado por el estilo manuelino, que surgió a finales del siglo XV, nombrado así en honor de Manuel I. Se caracteriza principalmente por la supervivencia de formas tomadas del último gótico mezcladas con símbolos y motivos relacionados con el poder del país en el mar.

El primer gran monumento es el monasterio de los Jerónimos de Belem, construido a principios del siglo XVI a orillas del Tajo junto a la misma playa de la que partiera Vasco de Gama para abrir una ruta marítima que le condujera a la India.Cerca del monasterio se encuentra la torre de Belem, cuya decoración no llega a desmentir su funcionalidad de torre de vigía.

Mención especial merece, principalmente, la iglesia de la orden de Cristo en la ciudad de Tomar, que, junto con las *Capelhas Imperfeitas* de Batalha y los Jerónimos de Belem, integra la lista de las obras maestras manuelinas.

La pujanza del estilo manuelino a cuyo servicio permanecieron todas las escuelas portuguesas a lo largo del siglo XVI, dejó poco espacio para la consolidación de un estilo puramente renacentista que se puede observar, sin embargo, en edificios como la iglesia de Marvila, en Santarém y la catedral de Leiria.

El estilo barroco alcanzó un auge mayor, debido, en gran parte a que algunos de sus rasgos característicos, como la exhuberancia decorativa y el grandioso efectismo de formas y decoración, enlazaba con toda naturalidad con la tradición manuelina.que había arraigado en el país. El primer edificio realizado dentro de este estilo es la iglesia de São Bento, en Oporto, la ciudad barroca por excelencia. Aunque el monumento emblemático de la ciudad es la iglesia de los Clérigos, realizada también dentro de los cánones del estilo barroco.

Tras el incendio de la ciudad de Lisboa cambiará profundamente el panorama arquitectónico durante el último tercio del siglo XVIII. Se trazan grandes avenidas interrumpidas a intervalos casi regulares por grandes plazas , en el marco de una estética neoclásica, que sería denominada como *pombalina* y cuya máxima expresión es la plaza del Comercio, frente al Tajo. El edificio de la nueva Ópera de 1792 o el nuevo Palacio Real, terminado en 1802, afianzan esta tendencia, contrarrestando el apego a las formas barrocas representado en Lisboa por el castillo de Queluz.

La historia del arte portugués en el siglo XX camina paralela a la del resto de Europa y bajo las diferentes tendencias que han convulsionado la estética de este siglo.

GASTRONOMÍA

La gastronomía portuguesa es similar a la de otros países mediterráneos tanto en las materias primas utilizadas como en las formas de realizarlas.

Sin duda alguna, por su proximidad con el Atlántico, el pescado ocupa un lugar preponderante en las mesas portuguesas. Desde los grandes rodaballos y las rayas del

NOTAS SOBRE PORTUGAL

Algarve hasta las cigalas, langostas o centollos del Douro y Beira Litoral, se abre un amplio abanico de posibilidades al que abría que incorporar, por derecho propio, los preciados salmones y lampreas del Tajo.

La mayoría de las recetas acompañan estos productos de patatas, tomates y cebollas en sus guisos, en las regiones altas, mientras que se tiende hacia la parrilla y los hervores a medida que se desciende hacia el Algarve y el Alentejo.

Pero, el señor de los platos portugueses es, con toda seguridad, el bacalao. preparado de muy diversas maneras: bacalao *dourada*, *brandada*, asado, cocido...

Junto al bacalao el arroz y las patatas son las otras dos grandes bases de la cocina lusa, que también, al igual que la gallega, gusta de apoyarse en la berza, ofreciendo platos como el caldo verde.

Con respecto a las carnes, el asado es la forma preferida de elaboración.

La mayor parte de la cabaña ganadera portuguesa es ovina y caprina de ahí la importancia de quesos como el de la sierra de Estrela, de sabor fuerte y consistencia cremosa o el queso Azeitão.

Además de los vinos de Oporto y Madeira, internacionalmente conocidos, los caldos portugueses han alcanzado una calidad considerable en las comarcas de Dao y en los variados *vinhos* verdes que se producen en todo el país, especialmente entre el Miño y el Duero.

ARTESANÍA

Portugal es un auténtico paraíso para los amantes de la artesanía popular, pues ésta permanece viva aún entre los habitantes del país.

El gusto por el adorno surge en Portugal de manera espontánea, así aparecen símbolos paganos tallados en los yugos de los bueyes o las barcas con su alta proa vuelta o los diversos utensilios utilizados en las casas. El portugués es aficionado al símbolo lo que da lugar a una artesanía rica, en cuyo origen están las creencias y supersticiones más arraigadas. La pieza más conocida es el gallo de Barcelos, del que ya hemos hablado en este libro.

Cada provincia, cada zona tiene su propia artesanía en consonancia con la forma de ser de sus gentes. Así en el norte los vistosos vestidos llenos de brillo y color utilizados en la Costa Verde por las mujeres los días de fiesta (delantales y faltriqueras bordados) o los famosos *curinhos* con grandes corazones, cadenas y pendientes; artesanía de metal que se repite con relativa frecuencia en los distintos lugares de Portugal. El encaje de bolillos, la porcelana de Vista Alegre en Ilavho o la fabricación de muebles, generalmente tallados y pintados a mano de Trás-os-Montes son algunos de los trabajos más característicos que puede el visitante observar en Portugal.

NOTAS SOBRE PORTUGAL

GEOGRAFÍA Y NATURALEZA

El sector continental de Portugal es un conjunto rectangular de 560 km por 220 km y 1215 km de frontera común con España. El Norte, limitado por el río Miño (Minho), que desempeña el papel de frontera con Galicia, es elevado y está bien regado; el Sur, de aspecto cuadrangular , a ambos lados del cabo San Vicente, es más bajo, más uniforme y árido.

España y Portugal no presentan grandes diferencias desde el punto de vista geográfico pues ambas proceden de un mismo núcleo de rocas primitivas que han sufrido movimientos similares desde su formación.

El clima, debido a la proximidad del Océano Atlántico es suave y húmedo.Así se podrían establecer tres regiones climáticas: una de influencia atlántica que cubre todo el sector norte del país, abundante en lluvias. Otra, también atlántica, que abarca desde el límite meridional de la cuenca del Duero hasta el Algarve, con inviernos muy marcados. Y una tercera propia de las zonas de interior y que participa de un clima similar al de España.

Esta misma división se encuentra también en la vegetación. En el NO, húmedo, se distribuyen el alcornoque (perteneciente a la cultura portuguesa desde tiempo inmemorial) sobre suelo silíceo y el roble lusitano sobre caliza, que se sitúa entre la encina mediterránea de hojas perennes y otras especies de hoja caduca. En el Sur, las formas de degradación dan una garriga con coscojas. En las montañas se dan los bosques de robles y pinos y en las riberas de los ríos formaciones en galería de sauces, álamos, olmos...

El deterioro producido en la cubierta vegetal del país, especialmente en el sur debido a la erosión que afecta a toda la cuenca mediterránea, repercute negativamente en la fauna. En contrapartida, las grandes masas de arbolado, entre las que destacan las enormes extensiones de encinar y alcornocal, así como los estuarios de los ríos, contribuyen al equilibrio ecológico, sirviendo de refugio a una gran variedad de aves y pequeños mamíferos.

Los ríos que nacen en España tienen trayectos más o menos cortos y caudalosos en Portugal. A ellos se suman los ríos interiores: Sado, Cavado,... que riegan las zonas más fértiles: los cultivos de huerta los arrozales y las extensiones de viñedo.Numerosas presas con grandes embalses han contribuido a regularizar sus grandes crecidas.

La creación de parques y reservas naturales ha permitido preservar algunos de sus ecosistemas más valiosos: las áreas de montaña, los bosques de frondosas, las zonas dunares, las marismas y los bosques mediterráneos. Estos se distribuyen por casi toda su geografía y, algunas de las Pousadas que hemos descrito en este libro han aprovechado

NOTAS SOBRE PORTUGAL

estos enclaves naturales para su edificación.

En el Norte del país, y el más importante de esta nación, se encuentra el **Parque Nacional de Peneda-Gerês**, único espacio natural que ostenta el rango de Parque Nacional y que fue creado en el año 1971, como contribución del estado portugués al Año Internacional de la Conservación de la Naturaleza.

El parque está situado en el extremo norte del país, entre las provincias de Minho y Trás-os-Montes, coincidiendo su límite septentrional con la provincia de Orense.

En contra de lo que suele ser habitual en este tipo de Parques nacionales, el de Peneda-Gerês acoge en su interior importantes núcleos de población humana, repartidos en una quincena de pueblos y aldeas.

La vegetación de este Parque constituye un mosaico de especies: alcornoques y madroños, situados en las laderas de clima mediterráneo, en la zona intermedia el acebo y en las laderas de clima atlántico, los robles. Por encima de los 900 metros comienza el bosque de coníferas con manchas de abedules y algunos tejos aislados. Por encima están los pastos y más arriba la roca pura y desnuda, normalmente granítica.

En cuanto a la fauna ésta está conformada por ciervos, jabalíes, zorros, tejones, comadrejas y, en los ríos de agua clara, por nutrias.

Las aves cuentan con 142 especies citadas en el ámbito del parque, entre las que sobresalen las rapaces, como ocurre en el resto del país. Águilas reales y calzadas, aguiluchos, cernícalos son las más representativas entre las aves diurnas y el mochuelo y cárabo entre las nocturnas.

Próximo a Peneda-Gerès está el **Parque Natural de la sierra de Montesinho**, que se extiende también hacia la sierra de Corôa. También en el norte de Portugal, en la provincia de Tras-os-Montes y próxima a la ciudad de Bragança. Con no muchas diferencias con respecto al anterior, son destacables los bosques de robles y castaños, con varios ejemplares centenarios. Este motivo ha permitido que rapaces, como los azores, encuentren un lugar idóneo para anidar.

El más extenso de los espacios protegidos portugueses es el **Parque Natural de Sierra de Estrela** que enlaza con las sierras españolas de Guadarrama, Gredos y Gata. Situado en el centro del país, en el punto de reunión de la Beira Alta, Beira Baja y Beira Litoral, su punto más alto es la cumbre de la Torre de casi 2.000 metros de altitud. Quedan restos de la glaciación cuaternaria en el valle de Zêzere y toda la sierra está salpicada de pequeños lagos originarios de la época glacial.

Cerca del cabo Espichel, en la provincia de Estremadura se encuentra el Parque Natural de la sierra de Arrábida, con un paisaje de laderas arboladas que descienden hasta el mar y calas escondidas de agua limpia.

La sierra, formada por un promontorio calizo, discurre paralela al mar durante más de 50 kilómetros. De flora típicamente mediterránea y fauna variada.

La **Reserva Natural del Estuario del Tajo** abarca un tramo del propio río, algunas islas fluviales y parte de la orilla derecha de éste, pero la zona más interesante es el extenso humedal que se forma al norte de Alcochete en la ribera opuesta a la que ocupa Lisboa. Nos encontramos en la parte más ancha del río Tajo, que vuelve a estrecharse posteriormente en su tramo final. Frecuentes en esta Reserva son los flamencos, las garzas, los ánsares y las espátulas

Aprovechando una vez más la desembocadura de un río se halla la **Reserva Natural del río Sado**, en el Bajo Alentejo, frente a la ciudad de Setúbal. Al igual que otros estuarios es frecuente la visita de centenares de aves unidas al medio acuático.

En torno al cabo San Vicente y en la parte más suroccidental del país tenemos la **Reserva Natural de Ponta de Sagres**, que forma parte de una sucesión continua de acantilados. Su vegetación es la típica de aquellos lugares muy batidos por el viento. Durante las épocas de migraciones son frecuentes las alcatraces, charranes, zarapitos reales...

Y por último nos desplazamos al **Parque Forestal de Buçaco** (al norte de Coimbra y fundado en el siglo VI por la orden benedictina), un inmenso jardín botánico con más de 700 especies vegetales y conocido popularmente como *El Bosque Encantado*.

NOTAS SOBRE PORTUGAL 184

GLOSARIO

NA ESTRADA	EN LA CARRETERA
acender as luzes	encender las luces
adiante	adelante
afrouxar	despacio
alfândega	aduana
animais	cañada
apólice de seguros	póliza de seguros
à direita	a la derecha
à esquerda	a la izquierda
atenção! perigo!	¡atención, peligro!
atrás	detrás
auto-estrada	autopista
azeite	aceite
bagagem	equipaje
bifurcação	bifurcación
carro	coche
carta de condução	carné de conducir
cruzamento perigoso	cruce peligroso
curva perigosa	curva peligrosa
dar prioridade	ceda el paso
dê passagem	ceda el paso
descida	bajada
descida perigosa	bajada peligrosa
direita	derecha
esperem	esperen
esquerda	izquierda
estacionamento proibido	prohibido aparcar
estrada	carretera
estrada escorregavel	firme deslizante
estrada interrompida	carretera cortada
estrada em mau	carretera en mal
estrada nacional	carretera nacional
garagem	taller
gelo	hielo
largo	ancho
lentamente	despacio
livrete de circulação	cédula de circulación
longo	largo
mala	maleta
mechánico	mecánico
não tenho nada	no tengo nada
a declarar	que declarar
neve	nieve
nevoeiro	niebla
paragem obrigatória	parada obligatoria
passagem de gado	paso de ganado
passagem de nível	paso a nivel sin
passaporte	pasaporte
sem guarda	barreras
pavimento escorregadio	calzada resbaladiza
peões	peatones
perigo!	¡peligro!
perigoso atravessar	travesía peligrosa
ponte estreita	puente estrecho
portagem	peaje
proibido	prohibido
proibido ultrapassar	prohibido el adelantamiento
pronto socorro	puesto de socorro
prudência	precaución
queda de pedras	desprendimientos
rampa	subida
rebanhos	cañada
reparação	reparación
saída	salida
saída de camiões	salida de camiones
sentido proibido	dirección prohibida
sentido único	dirección única
trabalhos	trabajos u obras
trânsito proibido	paso prohibido
voltar	dar la vuelta

PALAVRAS DE USO CORRENTE	PALABRAS DE USO CORRIENTE
abadia	abadía
aberto	abierto
abóbada	bóveda
Abril	abril
adega	bodega
aéreo	teleférico
agência de viagens	oficina de viajes
Agosto	agosto
água potável	agua potable
aldeia	pueblo
alfândega	aduana
almoço	almuerzo

NOTAS SOBRE PORTUGAL

almofada	almohada	cúpulo	cúpula
andar	piso o planta	curiosidade	curiosidad
antigo	antiguo	decoração	decoración
aqueduto	acueducto	descida	bajada, descenso
arredores	alrededores	desporto	deporte
árvore	árbol	Dezembro	diciembre
autocarro	autobús	Domingo	domingo
avião	avión	edifício	edificio
bagagem	équipaje	eléctrico	tranvía
baía	bahía	encosta	ladera
bairro	barrio	engomagem	planchado
baixo-relevo	bajo relieve	envelopes	sobres
balaustrada	balaustrada	equestre	ecuestre
barragem	embalse	escada	escalera
beco	callejón sin salida	esquadra de polícia	comisaría
beira-mar	orilla del mar	estação	estación
bilhete	billetes	estância balnear	estación balnearia
bilhete postal	tarjeta postal	estátua	estatua
botânica	botánico	estuário	estuario
cabeleireiro	peluquería	estrada	carretera
caça	caza	estrada escarpada	carretera en cornisa
cadeiras de coro	sillería del coro	faca	cuchillo
cais	andén	faiança	loza
caixa	caja	falésia	acantilado
caixa económica	caja de ahorros	farmácia	farmacia
camino de ferro	ferrocarril	fechado	cerrado
campanário	campanario	2.ª feira	lunes
capela	capilla	3.ª feira	martes
casa de jantar	comedor	4.ª feira	miércoles
cascata	cascada	5.ª feira	jueves
castelo	castillo	6.ª feira	viernes
casula	casulla	ferro forjado	hierro forjado
chave	llave	Fevereiro	febrero
chegada	llegada	floresta	bosque
cidade	ciudad	fonte, nascente	fuente
cinzeiro	cenicero	fortificação	fortificación
cobertor	manta	fósforos	cerillas
colecção	colección	foz	desembocadura
colher	cuchara	fronteira	frontera
confluência	confluencia	garagem	garaje
conforto	confort	garfo	tenedor
conta	cuenta	gorjeta	propina
copo	vaso	gracioso	encantador
correios	correos	ida e volta	ida y vuelta
cozinha	cocina	igreja	iglesia
criado, empregado	camarero	ilha	isla
crucifixo, cruz	crucifijo, cruz	imagem	imagen

NOTAS SOBRE PORTUGAL 186

informações	informaciones	parque de estacionamento	aparcamiento
instalação	instalación	partida	salida
Inverno	invierno	Páscoa	Pascua
Janeiro	enero	passageiros	pasajeros
janela	ventana	passeio	paseo
jantar	cena	pelourinho	picote
jardim	jardín	percurso	recorrido
jornal	diario	pia baptismal	pila de bautismo
Julho	julio	pinhal	pinar, pineda
Junho	junio	pinheiro	pino
lagoa	laguna	planície	llanura
lavagem de roupa	lavado	poço	pozo
local	paraje	polícia	guardia civil
localidade	localidad	ponte	puente
loiça de barro	alfarería	porteiro	conserje
luxuoso	lujoso	porto	puerto
Maio	mayo	povoação	burgo
mansão	mansión	praça de touros	plaza de toros
mar	mar	praia	playa
Março	marzo	prato	plato
marfim	marfil	Primavera	primavera
margem	ribera	proibido fumar	prohibido fumar
mármore	mármol	promontório	promontorio
miradouro	mirador	quadro, pintura	cuadro, pintura
miúdos	calderilla	quarto	habitación
mobiliário	mobiliario	quinzena	quincena
moeda	moneda	recepção	recepción
moinho	molino	recife	arrecife
montanha	montaña	registado	certificado
mosteiro	monasterio	relógio	reloj
muralha	muralla	relvado	césped
museu	museo	renda	encaje
Natal	Navidad	residência	residencia
navio	buque	retábulo	retablo
Novembro	noviembre	rio	río
oceano	océano	rochoso	rocoso
oliveira	olivo	rúa	calle
órgão	órgano	saída de socorro	salida de socorro
orla	linde	sala de jantar	comedor
ourivesaria	orfebrería	salão, sala	salón
Outono	otoño	santuário	santuario
Outubro	octubre	século	siglo
ovelha	oveja	selo	sello
paisagem	paisaje	sepúlcro, túmulo	sepulcro, tumba
palácio, paço	palacio	serviço incluido	servicio incluido
palmar	palmeral	serra	sierra
paragem	parada		

Setembro	septiembre
sob pena de multa	bajo pena de multa
solar	casa solariega
tabacaria	estanco
talha	tallas en madera
tapeçarias	tapices
tecto	techo
telhado	tejado
termas	balneario
terraço	terraza
tesouro	tesoro
toalha	toalla
toilette, casa de banho	servicios
trem	tren
túmulo	tumba
vale	valle
Verão	verano
vila	pueblo
vinhedos, vinhas	viñedos
vitral	vidriera
vivenda	morada

COMIDAS E BEBIDAS / COMIDA Y BEBIDAS

açúcar	azúcar
água gaseificada	agua con gas
água mineral	agua mineral
alcachofra	alcachofa
alho	ajo
ameixas	ciruelas
amêndoas	almendras
anchovas	anchoas
assado	asado
atum	atún
aves, criação	ave
azeite	aceite de oliva
azeitonas	aceitunas
bacalhau fresco	bacalao
bacalhau salgado	bacalao en salazón
banana	plátano
beringela	berenjena
besugo, dourada	besugo, dorada
batatas	patatas
bolachas	galletas
bolos	pasteles
café com leite	café con leche
café simples	café solo
camarões	camarones
camarões grandes	gambas
carne de vitela	ternera
carneiro	cordero
carnes frias	fiambres
castanhas	castañas
cebola	cebolla
cerejas	cerezas
cerveja	cerveza
charcutaria	charcutería, fiambres
cherne, mero	mero
chouriço	chorizo
cidra	sidra
cogumelos	setas
cordeiro	cordero lechal
costeleta	costilla, chuleta
couve	col
enguia	anguila
entrada	entremeses
espargos	espárragos
espinafres	espinacas
ervilhas	guisantes
faisão	faisán
feijão verde	judías verdes
figado	hígado
figos	higos
frango	pollo
fricassé	pepitoria
fruta	frutas
fruta em calda	frutas en almíbar
gelado	helado
grão	garbanzos
grelhado	a la parrilla
lagosta	langosta
lagostins	cigalas
lavagante	bogavante
legumes	legumbres
laranja	naranja
leitão assado	cochinillo, tostón
lentilhas	lentejas
limão	limón
língua	lengua
linguado	lenguado
lombo de porco	lomo
lombo de vaca	filete, solomillo
lota	rape

NOTAS SOBRE PORTUGAL 188

lulas, chocos	calamares	**NÚMEROS**	
maçã	manzana		
manteiga	mantequilla	zero	cero
mel	miel	um/uma	uno/una
melancia	sandía	dois/duas	dos
mexilhões	mejillones	tres	tres
miolos, mioleira	sesos	quatro	cuatro
molho	salsa	cinco	cinco
morangos	fresas	seis	seis
omelete	tortilla	sete	siete
ovo cozido	huevo duro	oto	ocho
ovo quente	huevo pasado	nove	nueve
	por agua	dez	diez
ovos estrelados	huevos al plato	onze	once
pão	pan	doze	doce
peixe	pescado	treze	trece
pepino	pepino, pepinillo	catorze	catorce
pêra	pera	quinze	quince
perú	pavo	dezasseis	dieciséis
pescada	merluza	dezassete	diecisiete
pêssego	melocotón	dezoito	dieciocho
pimenta	pimienta	dezanove	diecinueve
pimento	pimiento	vinte	veinte
pombo, borracho	paloma, pichón	vinte e um	veintiuno
porco	cerdo	vinte e dois	veintidós
pregado, rodovalho	rodaballo	vinte e tres	veintitrés
presunto, fiambre	jamón	trinta	treinta
	(serrano, de York)	quarenta	cuarenta
queijo	queso	cinquenta	cincuenta
raia	raya	sessenta	sesenta
rins	riñones	setenta	setenta
robalo	lubina	oitenta	ochenta
salada	ensalada	noventa	noventa
salmão	salmón	cem	cien
salpicão	salchichón	duzentos	doscientos
salsichas	salchichas	trezentos	trescientos
sopa	potaje, sopa	quatrocentos	cuatrocientos
sobremesa	postre	quinhentos	quinientos
sumo de frutas	zumo de frutas	seiscentos	seiscientos
torta, tarte	tarta	setecentos	setecientos
truta	trucha	oitocentos	ochocientos
vinho branco doce	vino blanco dulce	novecentos	novecientos
vinho branco seco	vino blanco seco	mil	mil
vinho «rose»	vino rosado	dez mil	diez mil
vinho de marca	vino de marca	cem mil	cien mil
vinho tinto	vino tinto	um milhão	un millón

ÍNDICES

ÍNDICE DE POUSADAS POR PROVINCIAS

MIÑO Y DUERO

Amarante	São Gonçalo
Caniçada	São Bento
Guimarães	Nossa Sra. de Oliveira
	Santa Marinha
Valença do Minho	São Teotónio
Viana do Castelo	Monte de Santa Luzia
Vila Nova de Cerveira	Don Dinis

TRÁS-OS-MONTES

Alijó	Barão de Forrester
Bragança	São Bartolomeu
Miranda do Douro	Santa Catarina

BEIRA LITORAL

Águeda	Santo António
Condeixa	Santa Cristina
Murtosa	Ria
Oliveira do Hospital	Santa Bárbara

BEIRA ALTA Y BEIRA BAJA

Almeida	Senhora das Neves
Caramulo	São Jerónimo
Manteigas	São Lourenço
Medelim	Monsanto

ESTREMADURA Y RIBATEJO

Batalha	M. Afonso Domingues
Castelo de Bode	São Pedro
Óbidos	Castelo
Palmela	Palmela
Queluz	Dona Maria I
Setúbal	São Filipe

ALTO ALENTEJO

Crato	Flor da Rosa
Elvas	Santa Luzia
Estremoz	Rainha Sta. Isabel
Évora	Os Lóios
Marvão	Santa Maria
Sousel	São Miguel

BAJO ALENTEJO Y ALGARVE

Alvito	Castelo de Alvito
Beja	São Francisco
Sagres	Do Infante
Sta Clara-a-Velha	Santa Clara
Santiago do Cácem	São Tiago
	Quinta da Ortiga
S. Brás de Alportel	São Brás
Serpa	São Gens
Torrão	Vale do Gaio

ÍNDICE DE POUSADAS

Águeda . . . . Santo António
Alijó . . . . Barão de Forrester
Almeida . . . . Senhora das Neves
Alvito . . . . Castelo de Alvito
Amarante . . . . São Gonçalo
Batalha . . . . Mestre Afonso Domingues
Beja . . . . São Francisco
Bragança . . . . São Bartolomeu
Caniçada . . . . São Bento
Caramulo . . . . São Jerónimo
Castelo de Bode . . . . São Pedro
Condeixa . . . . Santa Cristina
Crato . . . . Flor da Rosa
Elvas . . . . Santa Luzia
Estremoz . . . . Rainha Santa Isabel
Évora . . . . Os Lóios
Guimarães . . . . Nossa Sra. de Oliveira
                                                                    Santa Marinha
Manteigas . . . . São Lourenço
Marvão . . . . Santa Maria
Medelim . . . . Monsanto
Miranda do Douro . . . . Santa Catarina
Murtosa . . . . Ria
Óbidos . . . . Castelo
Oliveira do Hospital . . . . Santa Bárbara
Palmela . . . . Palmela
Queluz . . . . Dona Maria I
S. Brás de Alportel . . . . São Brás
Sagres . . . . Do Infante
Santa Clara-a-Velha . . . . Santa Clara
Santiago de Cacém . . . . São Tiago
                                                                  Quinta da Ortiga
Serpa . . . . São Gens
Setúbal . . . . São Filipe
Sousel . . . . São Miguel
Torrão . . . . Vale do Gaio
Valença do Minho . . . . São Teotónio
Viana do Castelo . . . . H. Santa Luzia
Vila Nova de Cerveira . . . . Don Dinis

ÍNDICE GENERAL

Presentación	3
Notas	4
Mapa Miño-Duero	6
Amarante	8
Caniçada	12
Guimarães	16
Valença do Minho	22
Viana do Castelo	26
Vila Nova de Cerveira	30
Mapa Trás-os-Montes	34
Alijó	36
Bragança	40
Miranda do Douro	44
Mapa Beira Litoral	48
Águeda-Sérem	50
Condeixa-a-Nova	54
Murtosa	58
Oliveira do Hospital	62
Mapa Beira Alta y Beira Baja	66
Almeida	68
Caramulo	72
Manteigas	76
Medelim	80
Mapa Estremadura y Ribatejo	84
Batalha	86
Castelo de Bode	90
Óbidos	94
Palmela	98
Queluz	102
Setúbal	106
Mapa Alto Alentejo	110
Elvas	112
Estremoz	116
Évora	120
Crato	124
Marvão	128
Sousel	132
Mapa Bajo Alentejo y Algarve	136
Alvito	138
Beja	142
Sagres	146
Santa Clara-a-Velha	150
Santiago do Cácem	154
São Brás de Alportel	160
Serpa	164
Torrão	168
Pequeñas cosas sobre Portugal	173
Glosario	184
Índice de Pousadas	190
Índice de Pousadas por provincias	191
Índice general	192